AF215904

Timo

Timo Schüsseler

Vom Nullpunkt in
ein neues Leben

www.tredition.de

Ein ganz herzlicher Dank an

Angelika Knöpker für die Motivation und redaktionelle Unterstützung

Foto: Rolf Schüsseler

Vorwort: Hermann Wetterkamp, Diplom Sozialarbeiter
        Fachbereichsleiter quadro Ahlen

Verlag: tredition GmbH, Hamburg
ISBN 978-3-8495-7422-2
Printed in Germany

Bibliografische Information der Deutschen Nationalbibliothek:
Die Deutsche Nationalbibliothek verzeichnet diese Publikation in der Deutschen Nationalbibliografie; detaillierte bibliografische Daten sind im Internet über http://dnb.d-nb.de abrufbar.

Vorwort

Als mich Timo bat, ein Vorwort für sein Manuskript zu schreiben, war ich zuerst etwas unsicher. Warum fragt er ausgerechnet mich? Welche Rolle kommt mir da zu? Zur Erklärung: Ich bin Dipl. Sozialarbeiter und arbeite bei der quadro-Suchtberatung des Caritasverbandes für das Dekanat Ahlen e.V.. Timo ist bzw. war mein Klient, ich kenne ihn seit 2007, aber davon später mehr.

Zur Entscheidungsfindung nahm ich mir erst mal vor, das Manuskript zu lesen. Einen ersten, noch unfertigen Entwurf hatte ich bereits vor einiger Zeit gelesen. Mittlerweile hatte Timo weiter daran gearbeitet und eine Redakteurin hatte Korrektur gelesen.

Timo brachte mir die CD mit dem Manuskript ins Büro, und da ich bis zum Feierabend noch ein wenig Zeit hatte, fing ich im Büro schon an zu lesen. Obwohl mir die Geschichte ja eigentlich bekannt war, fesselte mich der Text gleich vom ersten Satz. Zuhause las ich, bis spät in die Nacht, das gesamte Manuskript. Timos authentische und schonungslose Art zu schreiben zieht einen sofort in seinen Bann. Dabei beschreibt er seinen Absturz so realistisch, dass vor dem inneren Auge sofort Bilder entstehen, die einen mitfühlen und mitleiden lassen. Durch seinen Stil zu schreiben, gelingt ihm dabei, bei aller Tragik, eine spannende Geschichte zu erzählen, die durch ihren streckenweise schwarzen Humor, den Leser auch zum Lachen bringen kann. Nachdem ich das Manuskript zu Ende gelesen hatte war ich mir sicher, dass ich dafür gerne ein Vorwort schreiben werde.

Timo kenne ich seit dem Sommer 2007. Damals kam er in mein Büro und berichtete, er mache zurzeit eine stationäre Reha wegen seiner Alkoholabhängigkeit. Vor der Therapie habe er täglich bis zu anderthalb Kisten Bier getrunken. Seine Wohnung sei vermüllt und er habe zeitweise Suizidgedanken. Vor mir stand ein netter, sympathischer junger Mann. Timo war gerade mal 30 Jahre alt! Er hatte eine Ausbildung als Krankenpfleger; eine zweite Ausbildung zum Operationsassistenten hatte er wegen Depressionen nicht beenden können.

Er berichtete, er wolle gerne die Nachsorgegruppe bei uns besuchen. Gleichzeitig erkundigte er sich nach einer Selbsthilfegruppe. Der Plan war gut, Timo wirkte sehr motiviert. Leider trat er die Nachsorge nicht an, meldete sich noch sporadisch ein paarmal, war aber offensichtlich schon wieder rückfällig und ich konnte ihn im Gespräch nicht mehr wirklich erreichen.

2008 tauchte er noch einmal kurz in der Beratungsstelle auf. Die angebotene Hilfe (ambulant betreutes Wohnen für Suchtkranke) kam jedoch nicht zustande, weil Timo keine weiteren Termine wahrnahm.

Kurz vor seiner Entlassung aus der dritten stationären Reha, im Februar 2009, sah ich ihn dann noch einmal. Timo hatte sich in dieser Zeit allerdings verändert. Er wirkte nicht mehr so motiviert - fast ein wenig überheblich - und ich hatte das Gefühl, er nahm seine Krankheit nicht ernst genug. Von der Nachsorgegruppe wollte er diesmal nichts wissen und auch weitere Hilfen lehnte er ab. Sein Plan war, sich schnell eine neue Wohnung und eine neue Arbeitsstelle zu suchen. Während des Gespräches war zu spüren, dass Timo sich selbst etwas vormacht. Einige Wochen später tauchte er dann noch einmal bei mir auf und berichtete, jetzt wolle er doch die Nachsorgegruppe besuchen, gekommen ist er jedoch nicht. Wie schon mehrfach in der Vergangenheit schien Timo Hin und Her gerissen zu sein. Letztlich war die Sucht erneut stärker.

Wiedergesehen habe ich Timo dann erst 2011. In meiner Mittagspause in einem Supermarkt, sprach mich jemand an. Die

Stimme kam mir bekannt vor, die dazugehörige Person erkannte ich jedoch nicht auf Anhieb. Timo hatte sich äußerlich stark verändert. Aus dem jungen, sympathischen sportlichen Timo war ein von seiner Alkoholsucht gezeichneter, leicht übergewichtiger Mann geworden, der offensichtlich kognitive Einschränkungen hatte. Obwohl er seit Langem kein Alkohol mehr getrunken hatte, klang seine Stimme lallend und undeutlich. Wir unterhielten uns kurz und ich erfuhr den Grund seines Zustandes. Timo hatte die Kurve nicht mehr rechtzeitig gekriegt und war dem Tod noch mal ebenso von der Schüppe gesprungen, der Alkohol hatte jedoch deutliche Spuren hinterlassen.

Auf dem Weg zurück in mein Büro ging mir die Geschichte nicht mehr aus dem Kopf. Bei aller professionellen Distanz, ist es eben doch nicht immer so einfach, mitzuerleben, welche Folgen die Krankheit „Alkoholabhängigkeit" haben kann. Solche Schicksale, wie das von Timo, sind dabei leider bittere Realität. Auch wenn wir in der Suchtberatung vielen Menschen helfen können, es gibt immer Einige, die wir nicht erreichen. Nicht umsonst sterben in Deutschland jährlich ca. 74.000 Menschen an den Folgen ihres Alkoholabhängigkeit bzw. ihres riskanten Alkoholkonsums. Das sind mehr als 200 Menschen pro Tag. Alkoholbedingte Unfälle sind bei dieser Zahl nicht enthalten. Timo hatte also noch Glück, nicht in dieser Statistik zu erscheinen.

Seit unserem Wiedersehen im Supermarkt sind mittlerweile gut zwei Jahre vergangen. Timo geht es wieder besser, gesund ist er deshalb aber nicht. Alkoholabhängig wird er für den Rest seines Lebens bleiben. Diese (chronische) Krankheit ist nicht heilbar. Doch es gibt Wege mit der Sucht ein gutes Leben zu führen. Dafür braucht man jedoch Geduld, (therapeutische) Unterstützung und – mit das Wichtigste – die Einsicht, dass man krank ist. Timo ist auf einem guten Weg, aber auch für ihn bedeutet das, dass er diese Krankheit in sein Lebenskonzept integrieren muss.

Seit Frühjahr 2012 habe ich wieder regelmäßig Kontakt zu Timo. Damals besuchte er mich und berichtete von seiner Idee zu diesem Buch und bat mich sein erstes Manuskript zu lesen. Beeindruckt von seiner Geschichte, entstand in der Folge die Idee, gemeinsam ein Präventionskonzept für Schulklassen zu entwickeln. Bereits der erste Test war gleich ein Erfolg. Die Schülerinnen und Schüler hörten gebannt Timos Geschichte. In der Klasse war es „mucksmäuschenstill". Mit seiner beeindruckenden Offenheit gelang es Timo, eine emotional bewegende Atmosphäre zu schaffen. Wie von selbst entwickelt sich ein intensives Gespräch über Alkohol, Sucht und Abhängigkeit. Für uns als Suchtberatungsstelle ist Betroffenheit ganz wichtig, da wir dadurch tatsächlich deutlich mehr Kinder und Jugendliche emotional erreichen, als mit vielen anderen Präventionsbaustein.

Bei aller Tragik die hinter Timos Schicksal steckt, vor diesem Hintergrund betrachtet, erscheint seine Geschichte als Fügung. Offensichtlich musste Timo selbst erst ganz unten ankommen, um vom Alkohol los zu kommen. Gleichzeitig berührt er mit seiner dramatischen Schilderung seines „Nullpunktes" aber auch Menschen. So offen über seine Krankheit zu reden, ist bestimmt nicht immer einfach. Dazu gehört Mut und dafür gebührt Timo mein Respekt. Gleichzeitig leistet er mit seiner Geschichte einen wichtigen Beitrag zur Suchtprävention, für den ich mich an dieser Stelle ausdrücklich bei ihm bedanken möchte.

Dass er seine Geschichte nun auch niedergeschrieben hat und damit eine breitere Öffentlichkeit an seinem Schicksal teilhaben lässt, ist für die Präventionsarbeit sicherlich eine Bereicherung. Auch wenn Timo mit dem vorliegenden Buch nicht auf alle Fragen eine Antwort gibt (muss er auch gar nicht) und seine schonungslose Art zu schreiben auch nicht jedermanns Sache ist, so hinterlässt sein Schicksal doch meist einen nachdenklichen und betroffenen Leser. Seine Geschichte lässt sich daher optimal im Unterricht im Rahmen der Suchtprävention einsetzten. Selbstverständlich ist das Buch aber auch jedem erwachsenen Leser zu empfehlen. Für eine Auseinandersetzung mit der „Volksdroge Alkohol" ist man schließlich nie zu alt. Von daher wünsche ich Timo mit der Veröffentlichung seines Buches von ganzem Herzen viel Erfolg.

Ahlen im Dezember 2013

Hermann Wetterkamp

quadro Sucht- und Drogenberatung

Caritasverband für das Dekanat Ahlen e.V.

7. September 2010

Ich werde wach, draußen ist es verdammt hell. Wie immer läuft der Fernseher noch. Ich spüre, wie einer der mich in den letzten Monaten und Jahren verfolgenden Würgeanfälle über mich hereinkommen will. Und ich weiß, dass es nur ein Mittel gibt, das helfen kann.

„Hoffentlich ist in der Flasche Hörner-Whiskey noch was drin. Unter Würgen versuche ich aufzustehen, raus aus dem Bett, aber schaffe es gerade so auf der Bettkante zu sitzen.

Ja, das Bett, das schon Wochen nicht mehr bezogen wurde und so wie ich einfach nur abstoßend ist. Jetzt wird das Würgen zum „Fast-kotzen", nur die Erlösung ist mir seit der Magenoperation vor zehn Jahren nicht mehr vergönnt.

Ich sitze auf der Bettkante und würge so sehr, dass ich Probleme mit dem Atmen bekomme und schwitze. Während des Würgens verkrampft mein ganzer Oberkörper und mein Magen tanzt mit meinem Zwerchfell einen Takt, der nicht auszuhalten ist. Mir hängen meine seit Tagen nicht mehr gewaschenen, stinkenden Haare ins Gesicht. Und ich bringe nur Schleim hervor, den ich in eine extra dafür schon bereitgestellte Schüssel laufen lasse.

Die Anstrengung des Würgens ist für mich vergleichbar mit einem Kilometerlauf. Nach so einem Anfall bin ich so erschöpft, dass ich gleich wieder pennen müsste, aber wie soll ich bloß den Alkohol in mich reinkriegen, damit das aufhört?

Nach zehn Minuten zwischen schlucken und Atemnot wird das Würgen weniger und ich nehme den ersten großen Schluck. Wärme macht sich in meinem Magen breit. Entspannung! Aber nur kurz. Beim Würgen muss ich husten und mein Schließmuskel kann dem Druck nur schwer standhalten. Versuche, mich hinzustellen sind genauso zum Scheitern verurteilt wie vor drei Stunden, als ich es das das letzte Mal versucht habe. Also auf allen

Vieren zum Klo - hoffentlich schaff ich das rechtzeitig. Auf halben Weg Pech gehabt. Nächste Unterhose versaut. Unterhose ausgezogen, den Po irgendwie auf den Knien im Bad saubergemacht und zurück in den Wohn-Schlafraum, Alkohol auffüllen.

Sitze vorm Fernseher, kriege nichts mit und schütte angewidert abwechselnd Kräuterschnaps und Bier in mich rein. Das Bier ohne Kohlensäure, die verträgt mein Magen schon lange nicht mehr. Magen - ach ja - da war doch noch was: wann habe ich das letzte gegessen? Kann mich nicht genau daran erinnern, muss aber so vor vier oder fünf Wochen gewesen sein, na ja, Bier hat ja auch Kalorien.

„Pegel steig!", sonst schaffe ich den Tag nicht, denke ich. Mein Oberbauch tut höllenmäßig weh, mein Husten schmerzt, bei jedem Zug an der Zigarettenkippe huste ich mir die Seele aus dem Leib. Dann noch diese verfluchten Schmerzen im linken Arm. Scheiße, wenn man sich bei einem Sturz aus dem Bett den Arm bricht und das nicht richtig verarzten lässt. Den Bruch habe ich mir in einem Moment des niedrigen Promillepegels diagnostizieren lassen. Nur der anschließenden Therapie stand der Alkohol im Weg. Ibuprofen, ein Schmerzmittel, das ich in den letzten Wochen gefressen habe wie Bonbons, habe ich auch nicht mehr.

Da fällt es mir wieder ein: heute soll ja jemand vom Sozialpsychiatrischen Dienst kommen. Schaue mich in der Wohnung um: überall leere Bier- und Schnapspullen, Müll überall und ich verwahrlost nackt im Sessel. Na prima. Okay, dann kriegt die Person eben die volle Säufer-Realität zu sehen. Bin mir im Klaren, dass es so nicht weitergeht und froh, dass sich meine hilflose Situation jetzt schlagartig ändert.

Videotextuhr sagt 8:30 Uhr, o Gott, die kommt erst um 15 Uhr. Mein Magen will auf einmal den Stoff nicht mehr, egal, wieder würgen, saufen, würgen, saufen.

Vor ca. fünf Wochen ging es mir für einen Säufer echt gut, meine „Tyrannenperle" ist endlich abgehauen, Rückzahlung vom Strom, mein einsames Leben hatte mich wieder. Mit der Kohle direkt zum Laden und mein Säuferherz frohlockte: nimm Dir, was Du begehrst, Du hast zu feiern. Kein Gemoser, kein Gezicke, keine Schläge mehr gegen den gebrochenen Arm. Ja, auch Kerle werden geschlagen. Heidewitzka lass laufen in den Hals, was geht. Als dann der stetige Entzug mich hinderte einzukaufen, habe ich ein Taxi angerufen und den Alkohol nach Hause bestellt: zwei Flaschen Kräuterschnaps und 10 Kannen Bier, aber das billigste. Taxi kostet ja auch.

Der Fahrer könne nicht bis zur Wohnungstür kommen, sagte die Dame in der Taxizentrale eines Abends. Was nun? Ah, der nette Nachbar fährt bestimmt eben für mich aus dem 7. Stock mit dem Fahrstuhl runter. Tat er auch. Prima, lass ….Hoffentlich ist es bald 15 Uhr. Leider denkt man schneller als die Zeit vergeht.

Hoffentlich reicht der Alkohol bis dahin. Noch mal ins Bett? Ne, mit so niedrigem Pegel ist an schlafen nicht zu denken. Aber ich habe ja noch eiserne Reserve. Ein guter Suchti hat immer Reserve, aber wo? Die Schmerzen und der zu niedrige Alkpegel hindern mich am ziel gerichtetem Denken. Meine Ex hat ihn immer im Schrank versteckt, also versuche ich aufzustehen. Versuch wieder gescheitert. Ich liege zusammen mit dem Sessel vor dem Schrank und komm einfach nicht hoch, keine Kraft. Mensch reiß dich zusammen, du MUSST an den Stoff. Zerre mich am umgefallenen Sessel hoch, dann am Schrank, mit letztem Einsatz komme ich an das Kräuterschnapsglück dieser Welt. Und sitze prompt wieder auf dem Boden. Glück gehabt, die Pulle blieb heile. Bis ich wieder im Sessel sitze, dauert es geschlagene 20 Minuten. So, genug Stoff wäre da, aber auch mit mehr Alkohol geht es mir nicht besser.

Früher war das so, aber mit meinem Körper stimmt was nicht. Ich bin so erschöpft und müde. Als ich die Augen wieder aufmache, ist nur eine Stunde vergangen. So ist das, wenn der

Alkoholpegel das Leben diktiert: genug Pegel = schlafen, zu niedriger Pegel = wach und nachlegen. Halb zehn, ich halte das nicht aus bis 15 Uhr, diese Zeit wird für mich immer mehr zur Paradieseziellinie. Dann kommt die Frau, die ich schon monatelang erfolgreich abwimmeln konnte, damit sie mir mein schönes „Säufernirvana" nicht kaputt macht.

So wie ich alle, die mir „helfen" wollten, entweder abgewimmelt oder belabert habe. Aber jetzt brauche ich ihre Hilfe dringend. Hoffentlich kommt sie auch. Würde mich nicht wundern, wenn sie es aufgegeben hätte, so wie alle anderen auch. Würgen - wie viel muss ich diesmal reinschütten, damit wenigstens mein Magen Ruhe gibt? Muss pinkeln. Aufstehen- ne besser gleich auf allen Vieren und zum Klo gekrabbelt. Wenn man so vor dem eigenen Klo kniet und in einem klaren Moment realisiert, dass das dreckigste Klo der Stadt bei einem selber steht, das sind kurze Momente der Entrüstung auf dem Weg nach ganz unten, ach nee da bin ich ja schon.

Ich flehe um Hilfe. Kann mich beim Pinkeln kaum auf dem Klo halten. Der schwarze Urin und Kot stinken wie die Pest. Bin ich innerlich am Verwesen? Gott sei Dank hab ich noch Klopapier. Es gab mal ne Zeit, da hatte ich keins. Meine Ex war weggefahren und um mich am Trinken zu hindern, hat sie auch kein Geld bei mir gelassen. Und das Geld aus den Pfanderlösen ist natürlich für Alkoholnachschub draufgegangen. Naja, jetzt ist es ja da. Arsch sauber, aber von hier komm ich nicht an die Spülung, wie schon so oft nicht. Aber diese Klo-Realität will ich meiner Retterin dann doch ersparen und kämpfe mich unter Schmerzen, Ekel und Würgen wieder auf die Brille. Als ich das Wasser rauschen höre, bin ich erleichtert. Als ich wieder im Sessel sitze, ist fast eine Stunde vergangen für eine Verrichtung, die früher fünf Minuten gedauert hat.

Mein Pegel ist wieder abgefallen, ich bin völlig erschöpft und die Sekunden vergehen wie in Zeitlupe. Schlucken, rauchen, warten - das ist die Aufgabe. Ah, mein Pegel bessert sich, sagt mein Kopf - vielleicht doch aufräumen - nee, das klappt nicht. Was soll ich bloß tun? Ich trinke noch schneller, jetzt auch wieder Bier, mein Magen hat, wie immer bei dem Pegel, seine Gegenwehr eingestellt. Gut so, kann ja bis in die Entgiftung nicht trocken fahren. Das wäre ja auch zu gefährlich wegen Krampf und Delirium und so. Mist, wenn die kommt, komm ich vielleicht gar nicht zur Tür, um aufzumachen und wenn die dann wieder abhaut? Beim nächsten Klogang Schlüssel von außen in die Tür stecken, besser ist das. Oh, bin wieder eingepennt, nun ist es 13Uhr, jetzt muss ich wach bleiben zum Pinkeln und saufen nicht nachlassen, bin wieder kurz vorm Würgen, erst oben rein, dann unten raus. 14 Uhr: Schlüssel in der Tür, Pegel einigermaßen in Ordnung. 14.45 Uhr klopft es.

„Frau S.….?"

„Ja"

„Schließen Sie bitte selbst auf, ich schaff` es nicht zur Tür". Ich sehe, dass es zwei Personen sind.

„Sie sind ja nackt und machen Sie mal das Fenster auf, der Gestank ist ja nicht zum Aushalten, wir warten im Hausflur."

„Das schaffe ich nicht".

„Anziehen müssen sie sich schon alleine".

Scheiße, wie soll ich denn an den Kleiderschrank kommen und ist da überhaupt noch was drin? Erstmal noch zwei Schluck nehmen. Fenster mach ich so auf kipp. Gott sei dank ist die Balkontür von meinem Sessel aus zu erreichen.

"Frau S.…., wir brauchen gar nicht lange reden, schaffen Sie mich bitte in die Entgiftung, ich kann nicht mehr und danach muss ich in stationär betreutes Wohnen"

„Ziehen sie sich bitte erstmal was an, aber anders geht es wirklich nicht".

Krabbel an meinen Schrank. Gott sei dank, eine Unterhose und eine Shorts samt Shirt finde ich auch auf Knien. Im Sitzen angezogen, zurück zum Stuhl. Meine Retterinnen telefonieren, in mir entspannt sich fast alles, und ich gebe mein Schicksal in ihre Hände.

„Der Krankenwagen kommt gleich und fährt Sie in die Psychiatrie zur Entgiftung"

„Danke, Danke, Danke" - den Schnaps muss ich noch leer machen und eine rauchen. Hoffentlich kommt mein Bruder nicht, mich abzuholen, denn seinem Ansehen als Rettungsassistent will ich nicht schaden, obwohl sie über meinen Namen wissen, wer ich bin.

Die Flaschen sind leer, als zwei Rettungsassistenten angewidert meine Bude betreten.

Schnell noch meine Geldbörse mit Versichertenkarte, Schlüssel, Tabak und Feuerzeug in eine Plastiktüte gepackt und los geht's. Ich soll zu Fuß zum Fahrstuhl, das schaff ich niemals. Die netten Rettungsassistenten stützen mich beim Laufen, und als ich im Fahrstuhl stehe, sorgen sie dafür, dass ich nicht zusammensacke. Sie stellen mich in eine Ecke und lehnen sich gegen mich. Ich bin so hilflos, dass ich nicht zum Ausdruck bringen kann, wie dankbar ich bin.

Vor dem Hochhaus stehen zig Menschen, wie immer wenn irgendwo ein Feuerwehrwagen steht. Sie begaffen den völlig fertigen Hartz-4-Alkoholiker - Asi , der da gerade abtransportiert wird. Klischee erfüllt. Ich liege im Wagen und bin sehr erleichtert. Die Fahrt dauert so erfahrungsgemäß 40 bis 50 Minuten. Wenn ich privat gefahren wurde, konnte ich noch immer mal was trinken, aber jetzt bin ich schon nach zehn Minuten auf Entzug. Kann auch etwas trinken, der Rettungsassistent gibt mir Wasser.

An der Klinik angekommen, hoffe ich, auf die Station zu kommen, wo ich schon bekannt bin. Dort bin ich hingekommen, als ich noch auf meinen eigenen Füssen stehen konnte.

Auf die teilgeschlossene Abteilung zu kommen, war ok in meinem Zustand. Aufnahmeuntersuchung durch die Ärztin: sie hat meine Akte, man kennt mich hier und ich versuche, mich wie immer souverän zu geben, was mir bei meinem Alkoholpegel auch gelingen dürfte. 2,65 Promille, da hatte ich aber früher schon mal mehr. Wieso geht's mir dann so schlecht? Untersuchung abgeschlossen, wurde als völlig fertig und verwahrlost eingestuft. Hat sie aufgeschrieben, dass ich ins betreute Wohnen muss? Bin erstmal alleine auf dem Zimmer. Das ist auch gut so, ich stinke nach Alkohol und wochenlanger fehlender Hygiene. Habe unterschrieben, dass ich mit der Einweisung auf die teilgeschlossene Station einverstanden bin. WICHTIG, das war meine eigene, freiwillige Entscheidung. Mist, dass der Alkohol mich schon wieder fremdbestimmt. Es geht einfach nicht mehr anders.

Ich glaube, ich schätze meine verwahrloste, zerstörte, parasitäre Existenz schon richtig ein. Mist, die Fahrt war so lang, ich merke, wie ich immer mehr auf Entzug komme. Kenne mich aus damit: viel Wasser trinken beschleunigt das Entgiften und der Horror ist nicht ganz so schlimm. Leber, verlass mich nicht. Husten, Husten, Husten. Mensch die müssen mich diesmal echt durchchecken. Husten hört gar nicht auf, kriege ganz schwer Luft. Klingeln ? Ach was, das ist der Entzug, kenn` ich ja schon, gleich geht das Würgen wieder los. So, jetzt krieg` ich langsam Angst: das ist nicht wie ein normaler Entzug: immer mehr Husten, immer weniger Luft. Ich klingel.

Die Schwester kommt.

„Was kann ich für Sie tun?"

„KKKeineLLuuft".

Auch die Ärztin fragt: „Was kann ich tun?"

„Sauersstttoff SSsauuerrsttoofff", presse ich heraus. Mist, das wird immer schlimmer.

„Den haben wir nicht, wir sind kein Akutkrankenhaus, wir sind eine Psychiatrie." „NNNoottarzt schnell".

Auf der Bettkante japsend und röchelnd, wird mein Gesichtsfeld zu einer Röhre mit einem Durchmesser von 5cm. Und alles was ich höre, klingt wie durch einen Sack Watte. Bloß nicht bewusstlos werden! Kneifen setzt durch den Schmerz Adrenalin frei. Ich kneife mir so feste in den Unterarm wie ich kann, habe aber keine Kraft mehr. Ich sauge schon mit aller mir noch verbliebenen Kraft die Luft ein, habe aber das Gefühl, dass in meiner Lunge nichts ankommt. Jetzt kriege ich auch noch „mega" Brustschmerzen, in Verbindung mit meinem jetzt bis unter die Schädeldecke knallenden Blutdruck, keine gute Kombination. Hoffentlich krieg ich nicht noch einen Herzinfarkt oder einen Schlaganfall. Atme, Atme. Hilft aber nicht, bekomme immer weniger Luft. Ok, dann sterbe ich jetzt in der Psychiatrie, ist vielleicht besser, dann hat das Leid ein Ende. Resignation.

Ich sterbe!

Ich sterbe!

Martinshorn : Ist das für mich? Ist das für mich? Die Ärztin: „der Notarzt kommt". Hoffnung flammt auf. Die Röhre, durch die ich schaue, weitet sich etwas, wird immer etwas größer. Panik - die schaffen das nicht rechtzeitig, nicht rechtzeitig. Martinshorn aus. Wenig später Stiefelgetrampel von weit weg, eine stumpfe Hoffnungsmelodie. „Ich bin der Notarzt, kriegen Sie schlecht Luft?" Nicken, nicken, habe kaum noch Kraft dafür. Braunüle in den Handrücken, O2-Maske aufs Gesicht, die behindert mich beim Atmen. Nehme sie runter. „Sie müssen die schon drauflassen!" „Pppaaaniik, ich hab Paannik". Sie spritzen mir Morphin, Panik wird weniger, krieg besser Luft, aber sie reicht noch nicht, Panik wieder schlimmer. "Geben Sie den Medikamenten Zeit zu wirken!". Zeit habe ich nicht, ich sterbe. Höre den Pulszähler rasen und Alarm geben, noch mehr Panik. Die Jungs werden ruhiger, ich auch, wenn die ruhiger werden ist Besserung in Sicht. Ich sacke weg. Lieg mit mal auf der Trage.

„In welches Krankenhaus?"

„Uniklinik"

„Die Intensiv haben die gerade geschlossen".

„Franziskus"

„Ja , das geht". Alarmfahrt!

„Sind Sie Diabetiker?"

„Wo ist meine Tüte?"

„Hier. Sind Sie Diabetiker?"

„Nein" .

„BZ 395mg%"

„Kein Diabetiker"

Panik kommt wieder. Kriege keine Luft „lassen Sie die Maske drauf!" „KKKeiiene Luft." Nächste Ladung Medis. Bin weg. Notaufnahme muss das hier wohl sein.

„Er ist wach".

„Wie ist es?"

„Kaum Luft"

Die sind alle ganz schön hektisch, geht's mir so schlecht?

„Der wird wieder panisch, gebt noch mal Morphin".

"Wir machen eine BGA, piekst mal ins Ohr, Ultraschall auf dem Bauch. Alle Werte schlecht . „Sie brauchen einen ZVK". Angst. Mir wird Schwarz vor Augen.

Ich kann die Augen wieder aufmachen, lebe noch, Luft nicht wirklich besser.

"Haben dem Patienten schon ZVK gelegt, BGA bei knapp über 80%, schlechter werdend"

„Wenn das nicht besser wird, kann es sein, dass wir Sie in ein künstliches Koma legen müssen, damit wir Sie adäquat beatmen können, kann noch nicht sagen, was Sie haben."

Ok, dann sterbe ich jetzt, egal. Wenig später werde ich auf die Intensivstation verlegt. Mist, im Liegen irgendwohin gefahren zu werden, lange Flure und das mit den rennenden Lichtern an der Decke stimmt. So, das hier ist also der Ort, an dem es zu Ende geht. Jetzt muss ich auch noch pinkeln. „Kann ich wohl eine Urinpulle haben?" die Schwester bringt mir das Teil, doch als ich die nehmen will, gehört mir mein Arm nicht mehr. Super, vorm Sterben muss ich jetzt auch noch Hilfe beim Pinkeln haben. Die Flasche wird angelegt und schon muss ich nicht mehr. Mache die Augen nach einer Zeit wieder auf, irgendwie sack ich jetzt häufiger weg, und die Phasen des Wachseins sind erheblich verkürzt. Zeitempfinden ganz weg.

Jemand sagt: „Sie haben Besuch". „Kann der Besuch zu Ihnen?" Schüttel mit dem Kopf: so darf mich keiner sehen, die Situation ist sowieso schlimm genug. „Hallo", wieder kurz weg gewesen.

„Das sind Ihr Vater und Ihr Bruder".

Ja ok, die lassen sich eh nicht abwimmeln, die sind hartnäckig und dann auch noch mein Bruder. Als ich den beiden in die Gesichter schaue, sehe ich ihre pure Verzweiflung und auch Angst. Dazu muss man wissen, der eine –mein Vater- ist ein Kerl wie ein Baum, den nichts umhaut, der auch als Freiwilliger Feuerwehrmann ziemlich viel erlebt hat und der andere -mein Bruder- Berufsfeuerwehrmann und mit allen Wassern gewaschen. Wenn die so gucken, geht's mir echt mächtig an den „Arsch". Jetzt kommt die Panik zurück. Will was sagen, aber irgendwie reicht die

Luft nicht. Und ständig werde ich bewusstlos. Werde wieder wach, da sind sie weg und irgendjemand sagt: „Wir müssen zum CT."

So viele Pflegekräfte um mich herum, -Mann- die haben ganz schön zu tun mit mir beim Umlagern auf den CT-Tisch. Ich soll helfen, aber da geht gar nix, und ich liege wie ein nasser Sack. So fühl ich mich auch. Da sehe ich plötzlich, dass das Pinkelproblem durch eine Kathederanlage aus dem Weg geräumt wurde. Im CT liegend, sacke ich wieder mal weg. Wieder auf der Station, glaube ich, dass ich meinen Kopf nicht so gut bewegen kann, aber die Decke kommt mir bekannt vor. Es beginnt eine Zeit, in der sich Wach- und Schlafphasen so schnell abwechseln, dass ich befürchte, auch noch die Realität zu verlieren. Eine Stimme versucht mich zu wecken - nein, nicht irgendeine Stimme. DIE Stimme, die mir Ruhe verleiht. Meine beste Freundin – ah, alles wird gut, so oder so. In vielen langen Gesprächen haben wir geklärt, was in so einer extremen Situation mit dem jeweils Anderen passieren soll. Sollten die Ärzte meinen, ich könnte durch ein künstliches Koma gerettet werden, so wird sie das veranlassen. Wenn keine Chance mehr besteht oder ich zum Pflegefall werden würde, wird sie die erhaltenden Maßnahmen abbrechen lassen.

Jetzt muss das nur einem der Ärzte klargemacht werden. Nach erneutem Wegsacken stehen Arzt, Schwester und meine beste Freundin an meinem Bett und fragen, ob sie alle Entscheidungen treffen soll? Ich versuche, so gut es geht, zu nicken, hoffentlich akzeptieren die das.

Gut, dann wenden wir uns an sie. Allerdings kann ich nun auch nicht mehr das Beatmen verweigern. Obwohl die Verweigerung wohl das Ende einer ewig langen Leidenszeit bedeuten würde. Ab jetzt bin ich entspannt und kann mich den Geschehnissen hingeben. Meine Kraft war aber schon so am Ende, dass ich schon von der Reserve alles verbraucht hatte. Irgendwann hab ich dann noch mal meinen Vater und meinen Bruder wahrgenommen, aber durch einen Nebel, der schon fast eine schwarze Scheibe war.

Ich kriege wieder massive Atemprobleme. Die Sauerstoffsättigung des Blutes ist extrem schlecht. Das hört man am Piepsen des Pulsoxymeters, außerdem rast mein Puls. Das Piepsen macht mir zu der Atemnot noch mehr Panik.

„Wir wollen sie mal einmal bronchial absaugen. Sind sie damit einverstanden?" Ich kann nur mit den Augen zwinkern. Sie führen mir einen Absaugschlauch durch den Mund in die Bronchien ein und saugen den Schleim ab.

„Hol mal jemand den Arzt, das sitzt so fest, das kriege ich kaum raus". Deswegen also kriege ich kaum Luft. Der Arzt kommt und entscheidet sich für eine Bronchoskopie. Kamera in die Bronchien. Kriege schon bei einer Magenspiegelung einen Koller, aber in die Bronchien? Die Kamera wird eingeführt und der Doktor verlangt ACC-Wasser, um meine Bronchien zu spülen. Während er wartet, meint er, dass er noch nie erlebt hat, dass der Patient bei der Bronchoskopie ohne lokale Betäubung so stillgehalten hat. Kunststück: ich kann mich ja nicht bewegen oder bemerkbar machen. Außerdem sind die Atemnot und die Angst zu sterben schlimmer als eine Kamera in den Bronchien, die ja dann auch Besserung verschafft. Nach der Spülung kann ich besser atmen.

Gefühlte Minuten später ist wieder alles beim Alten und ich atme um mein Leben.

„Das macht so keinen Sinn mehr, wir sollten und müssen intubieren".

Jemand spritzt mir etwas, mir wird warm, die Stimme sagt:

„Wir legen Sie nun ins Koma, schlafen Sie gut". Und Lichter aus.

Träume?

Lichter wieder an, alles ist blau und es gibt auch nichts zu sehen, es ist alles nur blau. Versuche wieder einzuschlafen, dieses Gefühl der Leere macht mir Panik. Augen zu. Augen wieder auf: immer noch alles blau. Verdammt, das muss doch weggehen, ich versuche meinen Kopf zu bewegen, meine Augen zu reiben, nichts hilft. Beim nächsten Mal Augen aufmachen bin ich gar nicht mehr im Zimmer sondern auf dem Flur und höre wie jemand sagt, „wenn die BGA nicht besser wird, sehe ich keine Überlebenschance." „Ja, Herr Doktor, dann können wir das auch abkürzen, das Leben ist sowieso hin und verbraucht. Der kommt nicht mehr klar".

Meine Mutter, das ist meine Mutter. Wie, mein Leben ist hinfällig? Der Arzt geht zu meinem Bett, in dem ich auf einmal wieder liege, komisch. Setzt mich in einen Rollstuhl, fährt mich zu einem Wagen, setzt mich rein und sagt, das erledige ich in meinem Forst. Ich schrei, will dann doch nicht sterben, doch er fährt los. Mein Herz schlägt bis zum Hals, und ich versuche aus dem Auto raus zu kommen, aber es gelingt mir nicht. Als wir am Wald ankommen, ist es dunkel geworden und der holt gleich sein Gewehr. Ich schaue in den Lauf und plötzlich ist alles dunkel.

Als ich die Augen wieder aufmache, bin ich fertig mit der Welt. War das ein Traum? Muss wohl, sollte ich nicht im Koma liegen? Ist das jetzt auch ein Traum? Hilfe, ich weiß nicht mehr was los ist. Plötzlich finde ich mich in einem Raum wieder, den ich so vorher noch nie gesehen habe. Er ist rund, und alle Patienten liegen auf dem Boden. Im Nachbarhaus kann ich durchs Fenster meine 72-jährige Nachbarin sehen, die mir, als ich noch zu Hause war, auch Alkohol vom Einkaufen mitgebracht hat. Ich winke und sie ruft „Komm doch rüber". In ihrer Küche trinken wir erstmal Starkbier. Was ist nur los? Will davon weg und mach` so einen Scheiß, na egal, nach der ersten Dose hab ich gut einen in der Krone. Eine

Schwester kommt ein paar Stunden später und meint, es wäre an der Zeit, zurück auf die Station zu gehen, aber ich kann gar nicht gehen. Werde also mit dem Rollstuhl zurück gebracht und fixiert.

Beim nächsten Aufwachen sagt mir eine Schwester, ich müsse eine Maske tragen, die gleichzeitig ein Atemtrainer sei. Sie holt einen Plastikball, in den mein Kopf gerade so reinpasst, am Gesicht ist eine Öffnung, das beruhigt mich. Sofort wird diese mit einer Klappe verschlossen und ich habe das Gefühl, ersticken zu müssen. Kriege keine Luft und an dem Plastik bildet sich Kondenswasser. Beim Versuch, das Teil abzumachen stelle ich fest, dass ich fixiert bin. Um meine Angst kund zu tun, rüttel ich mit dem ganzen Körper so sehr, dass das Bett wackelt. Die Schwester stört das wenig, es bleibt wie es ist.

Der Patient in meinem Nachbarbett jammert, ich kann ihn nicht sehen, aber hören. Die Schwestern sagen ihm immer wieder, dass man auch mal starke Schmerzen aushalten muss. Super Pflegepersonal.

„Dass Sie neue Bronchien brauchen, ist ihnen ja wohl klar, was".

Meint der mich? Da steht ein Mann an meinem Bett und meint, ich wäre jetzt mal transplantationspflichtig, sonst würde das eh nie besser. Zum Glück habe er gerade welche zum Implantieren parat. Momentmal, stopp - davon war bis jetzt so gar keine Rede. Muss man da nicht einwilligen? Anscheinend nicht, denn ich werde schon mal zum Röntgen gefahren. Durch Umbaumaßnahmen in der Klinik wurde der OP-Trakt samt Radiologie ausgelagert, was bedeutet, dass ich über eine Holperwiese zu einem Zelt gefahren werde, in dem ein uraltes Röntgengerät steht. Das hat der Konrad hier bestimmt noch selber aufgestellt, denke ich, als ich auf einen schmalen Tisch gebunden werde und mit dem Bauch über die Spule gehalten werde. Unter diesen Bedingungen kann man mir doch keine Bronchientransplantation zukommen lassen.

Nach der Aufnahme geht es in einen Raum, der aussieht wie eine Großküche. Ab auf den Edelstahltisch und schon kippt ein alter tattriger, bärtiger Öp mir Betaisodonna über das OP-Gebiet. Fluchen oder sich beschweren geht ohne Sprache nicht und so werde ich ohne Gegenwehr bewusstlos, als er ohne Narkose den fachgerechten Schnitt auf meinem Sternum setzt.

Als ich wieder erwache, meint er, ob so ein Transplantat von einer 11-Jährigen bei mir überhaupt funktioniert, sei fraglich, er hätte den Luftsack ganz schön dehnen müssen. So ein junges Mädchen ist für mich gestorben. Da hätte ich lieber kein neues Organ. Die Eltern der Kleinen werden zu mir gelassen und ich kann mir Schimpf und Hasstiraden vom Feinsten anhören. Man hätte die Organe verkauft, aber doch bitte nicht an so einen Säufer und Gesellschaftsparasiten.

Jetzt geht das auch wieder mit der Atemhilfstrainingskugel los.

Nachts werden auf einmal alle ganz schnell um mich herum. Kriege irgendwas von Verlegung mit. Und schon liege ich auf einer Fahrtrage und werde über die Notaufnahme zu einem bereitstehenden Krankenwagen gebracht. In dem Krankenwagen sitzt meine Mutter mit noch einer sehr ernst drein blickenden Frau. Beide sagen keinen Ton. Wir fahren durch ein Waldgebiet und kommen an einem Haus an, das aussieht wie eine Gaststätte. Ich werde aus dem Wagen geholt und in einen großen Vorraum gebracht. Hier eröffnet man mir, dass bei der Operation etwas schief gelaufen ist.

Der alte Sack von Operateur hat wohl Nähte falsch gesetzt und eine Drainage vergessen. Ich soll jetzt hier erneut operiert werden. Vorher will sich die Frau, die so böse geguckt und sich als Notfallchirurgin vorgestellt hat, noch mit dem alten Sack auseinandersetzen. Seine Frau ist auch da und wettert, was den Weibern einfallen würde, ihr Mann sei der beste auf seinem Gebiet. Ja, vor 50 Jahren vielleicht, meint die Chirurgin.

Im Nebenraum ist der Sack dann eingetroffen und eine heftige und laute Diskussion nimmt ihren Lauf. Was mit mir ist, scheint diesen Menschen egal zu sein. Ich friere wie nur was und bekomme Atemnot. Hab auch noch den Atemtrainer auf dem Kopf. Ein Pfleger von der Station ist auch samt seinem Zwillingsbruder dabei.

„Die Diskutieren darüber, ob eine Operation notwendig ist".

In Anbetracht meiner Atemnot sehe ich das Ganze als dringend erforderlich an.

„Der wird ganz blau im Gesicht. Ich glaub, ich sag mal Bescheid", meint einer der Zwillinge. Die Chirurgin kommt angerannt, greift in meinen Mund zieht mich am Oberkiefer hoch und schüttelt mich.

„So geht Atemunterstützung" jubiliert sie.

Ich krieg auch in der Folge wieder besser Luft. Um den Eingriff, der nicht ganz legal scheint, komme ich wohl nicht drum rum. Ohne Narkose natürlich. Nachdem ich wieder wach werde, geht es mit dem Atmen besser und ich bekomme Mundpflege verpasst. Die Durchführung selber lässt mich würgen ohne Ende, aber danach fühlt der Mund sich besser an. Beim genaueren Hinfühlen mit der nun sauberen Zunge muss ich feststellen, dass die Chirurgin mir durch das Schütteln sämtliche Zähne abgebrochen hat. OK, die waren eh alle marode, aber das geht doch mal gar nicht.

Lange kann ich darüber nicht nachdenken, denn mir wird durch eine neue Stationsärztin eröffnet, dass meine Lunge auf dem Röntgenbild sehr verdreckt aussehe und es nur einen Spezialisten gibt, der das beheben könne. Der käme aus einer anderen Klinik und sei schon verständigt. Die Prozedur sei sehr schmerzhaft und bringe einen an den Rand des Wahnsinns, aber in Anbetracht der Sachen, die ich schon erlebt hätte, wohl für mich auszuhalten.

Der externe Arzt bringt eine Apparatur mit, die aussieht wie ein uralter Roboter aus den 50er Jahren. Er referiert: „Ich werde an den Rippenbögen am Rücken Einschnitte machen und die langen Finger des Apparates, die über einen Joystick zu steuern sind, in diese einführen und die Verkrustungen lösen. Die Gefahr des Lungenkollapses ist extrem hoch, aber stellen Sie sich mal nicht so an. Sie können das auch bei Ihrem Zimmerkollegen sehen, der ist vor Ihnen dran".

Der Zimmerkollege wird auf die Bettkante gesetzt und der Arzt positioniert sich und den „Roboter" dahinter auf dem Bett. Bei den Einschnitten an den Rippenbögen schreit mein Leidensgenosse wie am Spieß und bettelt um Einstellung der Maßnahmen. Allerdings sind die Leute, die ja für unser Wohlergehen verantwortlich sind, erbarmungslos und machen weiter. Die Reinigungsfinger werden eingeführt, was der Kollege mit einem lauten Schrei und anschließender Ohnmacht quittiert. Der Arzt verfolgt den Verlauf auf einem Monitor, ruckelt wie verrückt an dem Joystick. Als einer der Finger durch die Rückenhaut des Opfers stösst, meint er nur: „oh, Pech gehabt, das hat sich wohl erledigt. Habe in dem Brustkorb nur Schutt und Asche hinterlassen. Kann ja mal vorkommen, hätte mit der neuen Maschine wohl mehr als einmal üben sollen".

„So, jetzt sind Sie dann wohl Sie an der Reihe. Keine Sorge, bei Ihnen geht bestimmt alles gut". Und er kommt auf mich zu. Werde vor Angst ohnmächtig. Als ich die Augen wieder auf mache und hoffe, es sei alles vorbei, hält die Schwester mir ein Fläschchen Amoniak unter die Nase und gibt von sich: „Sie müssen doch wach sein bei der Reinigung, sonst macht es doch nur halb soviel Spaß!"

Spüre tastende Finger an meinen rechten Rippenbögen. Als die Finger einen Rippenzwischenraum ertastet haben, spüre ich auch einen heftigen Schmerz, der mir die Luft raubt.

„Eine Stichinzision hätten wir schon mal, fehlen noch so fünf bis sechs.   Und schön wach bleiben, sonst müssen wir Sie immer wieder wecken".

Nach x-mal wegtreten und erweckt werden, sind alle Schnitte gesetzt, das Blut läuft mir am Rücken herunter und ich höre Luft durch die Schnitte nach außen treten, was ein Geräusch wie ein kleiner Furz macht, bei jedem Ein- und Ausatmen.

„Führe jetzt die Reinigungsfinger in die Einschnitte ein. Könnte mal leicht unangenehm werden!"

Es fühlt sich an, als würde er einen Natodraht umwickelten Baseballschläger in meine Atemwege einführen, und ich kippe wieder weg.

„Je öfter Sie ohnmächtig werden, desto länger dauert das". Lächelt mir die sadistische Ärztin ins Gesicht. Der Schmerz wird von etwas anderem verdrängt. Töten, ich will die Drangsalierer nur noch töten.

„Gucken Sie doch nicht so böse, das Leben ist zu schön, um so grimmig dreinzuschauen".   Eines steht fest: Ich muss wieder auf die Beine kommen, um diese Menschen, einen nach dem anderen, töten zu können. Die anhaltende Prozedur bekomme ich nur durch einen Schleier mit. Benebelt von Rachegelüsten ergebe ich mich abermals in mein Schicksal.

„Sie müssen das Pulsoxymeter schon dranlassen", meint die Stationsärztin, „und die Arterie haben sie sich auch raus gezogen. Das müssen wir gleich mal neu machen."   Jetzt will sie mir mit einem Skalpell in die Arteria radialis schneiden. Angst zu verbluten habe ich nicht, aber das tut doch weh.

„Die Kosten für so einen Säufer wie Sie, sind eh schon sehr hoch und eine Betäubung gibt's jetzt aus Kostengründen nicht. Kannst ja eh nicht schreien, kriegt also niemand mit".

Sie schneidet sehr fest und sehr tief, so dass wieder mal alles schwarz wird.

„Ich fahre Sie mal nach draußen" meint der Zivi, „damit Sie mal frische Luft bekommen."

Werde im Liegerollstuhl in den Park der Klinik gefahren. Er stellt mich ab und verschwindet sogleich. Die Stunden ziehen ins Land. Konnte nach fünf Minuten hier draußen schon nicht mehr sitzen und häng hier nun bestimmt schon fünf Stunden fest. Keiner kommt vorbei, ich hab keine Klingel. Da erscheint die Stationsärztin und meint, ob ich mir jetzt immer noch die Zugänge ziehen und das Pulsoxy abmachen würde. Alles klar: das war eine Bestrafungsaktion.

Habe ich wahrscheinlich auch verdient.

Ich gehe mit einer Schwester spazieren, eine schöne Allee entlang auf eine alte Kirche zu. Bewundere die Natur und die Schwester zieht mein mobiles Beatmungsgerät auf einem Bollerwagen hinter uns her. Sprechen kann ich nicht, da ich ja noch intubiert bin. Plötzlich schlägt das Gerät Alarm, Akku schwach. Mist, bis zum Krankenhaus zurück ist es verdammt weit.

„Nicht aufregen, je mehr Sie sich aufregen, desto mehr Sauerstoff verbrauchen Sie und das Gerät muss mehr leisten = Akku schneller leer".

Die hat gut reden, hier geht's um mein Leben und ich soll ruhig bleiben. Sie telefoniert nach dem Notarzt, er solle ein Beatmungsgerät mitbringen.

„Die kommen gleich. Bleiben Sie ruhig!".

Jetzt hab ich's bis hierhin geschafft und sterbe doch, weil so eine Frau nicht in der Lage ist, einen Stecker in die Steckdose zu stecken oder einen Reserve-Akku mitzunehmen. Eine halbe Ewigkeit später kommt die Feuerwehr und der Notarzt bastelt an seinem mitgebrachten O2-Spender herum, anstatt mir zu helfen. Wollen die mich alle umbringen? Nachdem er fertig ist, bequemt er sich dann doch zu mir und untersucht mich. Derweil informiert ihn die Schwester über mein Krankheitsbild.

Als er das mit dem Alkohol erfährt, ist er plötzlich nicht mehr so eifrig bei der Sache und meint „Das lohnt wohl eh nicht mehr".

Die Stimme meines Vaters ertönt und der macht dem Arzt klar, dass er mir helfen soll ansonsten bräuchte er selber Hilfe. Dieses ganze Rumgeplänkel hat soviel Zeit in Anspruch genommen, dass der Arzt meinen Vater zur Seite nimmt und ihm erklärt, dass mir jetzt nicht mehr zu helfen sei und er sich damit anfreunden soll, dass ich in spätestens 15 Minuten tot sein werde. Alle schauen bedrückt aus. Auch ich finde mich damit ab, dass es jetzt wirklich zu Ende geht. Sie legen mich auf den Bollerwagen und bringen mich in die Kirche, damit ich im Schosse Gottes sterben kann.

Ich warte auf den Moment, in dem mein Herz aufhört zu schlagen und frage mich, was dann wohl passiert. Ich bin völlig ruhig und entspannt, keine Anzeichen mehr von Angst oder gar Panik. Die Menschen, die sich in der Kirche eingefunden haben um hautnah einen Sterbenden zu sehen, gehen auf und ab und glotzen mich die ganze Zeit an.

Ich kann alles von oben sehen. Vater weint. Der Arzt fühlt meinen nicht vorhandenen Puls, die Berührung fühle ich an meinem Handgelenk. Hey ich bin nicht tot, ich bin hier oben und nie wieder in meinem Körper. Sie tragen mich weg. Will sagen, dass ich noch lebe. Keine Chance. Sie legen mich in einen Zinnsarg.

Wieder raus aus meinem Körper, sehe ich auf dem Friedhof neben der Kirche schon meine Trauerfeier. Schwebe zu dem Pastor und flüster diesem ins Ohr, dass ich noch da bin.

„Ja nicht mehr lange, Du hast noch Zeit, die Trauernden zu sehen, dich innerlich zu verabschieden und dann ist deine Zeit auf dieser Welt vorbei".

Liege wieder in meinem Körper, sehe und höre alles. Gut, dass auf dem Sarg noch kein Deckel ist. Kriege Angst davor, dass dieser bald geschlossen wird. Was ist, wenn man so die Ewigkeit zubringt? Wach in einer Kiste und wenn ich schon tot bin, sterbe ich ja auch nicht an Sauerstoffmangel. Der Deckel wird geschlossen. Dunkelheit - aber hören geht noch. Werde auf einer Lafette gefahren. Den Geräuschen nach in einen Leichenwagen geschoben, Klappe zu und Abfahrt.

Der Fahrer will wohl Vettel Konkurrenz machen. Schlafe ein. Wach werde ich, weil ich Stimmen höre, es ist alles dunkel, fühle nach oben. Scheiße, Deckel noch drauf. Bin also wirklich tot, aber wach in einem Sarg. An meiner Kiste wird hantiert. Deckel geht auf: grelles Licht, muffiger Geruch. Sehe das Gesicht einer Ärztin und das meines Bruders.

„Sie haben Recht, er lebt ja doch noch".

Gerettet. Die Freude über mein Überleben ist allerseits sehr groß, insbesondere bei mir, kann langsam auch wieder sprechen. Die Ärzte im Krankenhaus erlauben sogar einen Kurzurlaub zu Hause.

Alle sind da und in mächtiger Feierlaune. Mich beglückwünschen sogar Leute, die ich schon ewig nicht mehr gesehen habe. Alle trinken, und auch ich kriege ein Glas Bier. Mein Vater kommt zu mir: „Mein Sohn, 16 Jahre bin ich trocken, aber dass Du das überlebt hast, darauf trinken wir jetzt erst mal einen, Prost".

Die Gläser klingen und wir saufen wie die „Kesselflicker". Nach Stunden des Saufgelages meint mein nüchterner Bruder, ich müsse zurück ins Krankenhaus. Er mache ja gerade den Pilotenschein für Rettungshubschrauber und könne mich zurück fliegen. Der

Fluglehrer ist auch einverstanden. So fliegen wir mit meinem Vater zurück zum Krankenhaus.

„Sie haben aber ganz schön getankt, ab ins Bett mit Ihnen".

Mein Vater will noch bleiben und mein Bruder muss zu einem Einsatz. Lege mich ins Bett und schlafe ein. Werde wach, weil ich auf etwas drauf liege. Reibe mir die Augen und als ich sehe, was es ist, erschrecke ich zu Tode. Der Kopf meines Vaters liegt total nass geschwitzt unter meinem Bauch, und als ich ihm in die Augen schaue, drehen sich die Pupillen wie Propeller. Ich rufe nach der Schwester. Sie kommt, sieht das Malheur und nimmt meinen Vater auf einer Fahrtrage mit.

Als sie wieder kommt , ist in mir nur Leere.

„Sie müssen jetzt stark sein. Ihr Vater ist an den Folgen eines alkoholbedingten Krampfanfalls und Sauerstoffmangels gestorben".

Super, ich habe überlebt, um meinen Vater zu töten.

„Leider ist Ihr Bruder beim Rückflug in ein Stromkabel geflogen und beim Absturz auch ums Leben gekommen".

„Weiß meine Mutter Bescheid?"

„Sie hat einen Autounfall in der Nähe der Klinik gehabt und liegt jetzt hier im Schockraum". Will sterben, nur sterben, damit dieses schreckliche Gefühl aufhört. Ein Pfleger kommt in mein Zimmer, guckt mich an und schüttelt leicht mit dem Kopf. Die Wut über mein eigenes Überleben wird immer größer und zerreißt mich fast. Der Pfleger spritzt mir etwas, und ich schlafe ein.

Als ich wieder wach werde, ist die Misere aber genauso schlimm wie vorher: besser gesagt noch schlimmer. Alle, die auf der Fete waren, kommen zusammen zu mir ins Krankenhaus, um sich ihrer Wut über das Geschehene Luft zu machen. Ist doch klar: für die bin ich einzig und allein Schuld. Damit stehen sie ja auch nicht alleine, ich sehe das ja genauso. Wenn eine Person mit ihren

Hassausbrüchen an meinem Bett fertig ist, kommt die Nächste zu mir. Das ganze dauert ewig. Und dann passiert, was passieren muss: ich bekomme von dem ganzen Stress einen Erstickungsanfall, doch die Leute, die mir helfen wollen, werden von der „Hassmeute" zurückgehalten.

„Lass mal ruhig verrecken den Jungen, der hat es nicht besser verdient!"

Danke, denk ich so bei mir, endlich hat das Leid für mich ein Ende und die Panik ,die dich ergreift wenn du am Ersticken bist, weicht einer tiefen inneren Zufriedenheit, dass ich jetzt endlich sterben darf. Dieses Hochgefühl der Zufriedenheit ist nicht zu beschreiben das toppt alles, was ich an positiven Gefühlen in meinem ganzen Leben erlebt habe.

Ich bin ja immer noch wach. Was ist das hier für ein Trip, ist das so, wenn man in seinem Leben viel Scheiße gebaut hat? Befinde ich mich deswegen in dieser Endlosschleife aus „Fear and Loathing"? Wie soll ich da klarkommen? Habe Angst einzupennen oder schlaf ich? Keiner, der mich anspricht und wenn, dann hat er weiße Klamotten an und will grausame Sachen von mir. Sehe mich immer wieder um. Werde ich hier ständig verlegt?

Jetzt liege ich in einem Raum, durch dessen Tür ich einen ca.15 Meter hohen Wassertank sehe. Da schwimmen Leute drin und machen Übungen. Unterbrechung meiner Gedanken. Kommt schon wieder so eine Tante in Weiß? Mal gucken, was es jetzt schon wieder gibt. „Machen Sie das eigentlich immer noch extra?" Was meint die? Sie zeigt auf meine Nasensonde, die mal wieder daneben liegt und den Pulsoxyclip, er ist auch ab. Super, denke ich, wie ist das denn passiert? Seit der letzten Bestrafung war ich echt vorsichtig mit den Sachen.

„Sie brauchen auch einen neuen ZVK!"

Wie ich die hier mittlerweile kenne, soll das wohl auch in Qualen passieren. Der Professor kommt dazu und sie beraten, welche Sonde ich bekommen soll. Er beschließt, eine während der Bronchoskopie zu legen, da hätte er das dann auch unter Sicht und sagt was von „dadurch eine Naht festmachen". Habe ich ja noch nie gehört, dass man Sonden im Rachenraum mit einer Naht fixiert. Sei es drum - mir wird eine „Broncho" verpasst, die Schwester holt die Sonde.

Die ist echt dünn. Wie sie da die Nahrung durchbringen wollen, ist mir ein Rätsel, aber die Sonde spürt man beim Legen wohl nicht so. Denkste. Bronchoskop noch im Hals führt die Schwester die Spitze der Sonde in meine Nase ein und schiebt vorwärts.

Ich spüre wie die Spitze in meiner Nase nach oben wandert. Als sie an ein Hindernis stößt, beginnt sie vor und zurück zu schieben, recht zügig und mit Kraft. Das tut weh. Welch eine Überraschung! Der Professor fragt: „Kommen Sie nicht weiter?" „Nein". „Lassen Sie mich mal", sagt er, gibt ihr das Endoskop und dreht an der Sonde und schiebt und dreht. Das zieht bis in die Schädelmitte. „So, bin weiter!" Die Schwester guckt ins Endoskop und meint: „Hier kommt nichts an." Erneuter Wechsel der Geräte und der Professor guckt. „Seh auch nichts, muss sich wohl aufgerollt haben".

Das ist mir schon länger klar, denn ich habe einen Megadruck auf dem Jochbein unter dem linken Auge. Von innen! Der Professor versucht vom Rachen aus, mit dem Endoskop die Sonde zu erreichen. Außer Atemnot und Höllen-Schmerzen keine Veränderung.

Er zieht das Endoskop raus und tastet mit dem Finger vor. Jetzt reicht es, und ich beiss ihm mit aller mir verbliebenen Kraft in seinen Finger. Frettchenbiss, zubeißen und festhalten ist die Devise. „Lassen Sie meinen Finger los. Wenn Sie nicht sofort meinen Finger loslassen, werden Sie sich wünschen, nie oder auch überhaupt gelebt zu haben. Lockere meinen Biss. Er zieht den

Finger aus meinem Mund und veranlasst, dass mir wieder eine normale Sonde gelegt wird. Jetzt kriege ich ja noch einen neuen ZVK. Allerdings mal wieder nicht im Krankenhaus sondern bei einer meiner Krankenschwestern zu Hause. Die hat auch ein paar Kumpels und Freundinnen eingeladen, ein leidendes Säuferschwein zu begaffen.

„Wir haben ihn aber nur so für eine Stunde, dann muss der zurück auf Station". Was ist das hier für ein Meeting? Die sind alle stoned und besoffen. Es stellt sich heraus, dass die Leute entweder Medizinstudenten oder Auszubildende in der Pflege sind. Der Freund meiner Krankenschwester ist auch da. Der ist ein Musik- Freak mit teurer lauter Anlage.

Es läuft Housemusik und die Anwesenden wollen jetzt auch endlich mal üben. Ach, daher weht der Wind - ich bin hier mehr so ein Versuchskarnickel.

Die ersten fangen an, mir Zugänge zu legen, das klappt natürlich super, nämlich gar nicht und ich werde zerstochen als säße ich in einer großen Sitzung beim Tattooer. Der dunkelhäutige Freund meiner Krankenschwester lallt dann was von ZVK. Nee also, das muss nun wirklich nicht sein. Ehe ich mich versehe, liege ich auf dem Bett auf dem Rücken, meine Knöchel befinden sich ruckartig an meinen Ohren. Bequem ist anders und Gegenwehr auch. Werde fixiert und der Lump schneidet unterhalb des Schlüsselbeins ein. Sticht den Finger rein und sucht die Vena subclavia. Heftigste Schmerzen, aber wem erzähle ich das - hier sind sie ja schon fast Gewohnheit. Nach Minuten des Suchens hat er sie dann endlich und führt den ZVK ein.

„Ob der richtig liegt, kann man am EKG ablesen", meint er. „Bei komischen Ausschlägen einfach bisschen zurück ziehen".

Der Hautschnitt wird nicht weiter versorgt, weil sie sich jetzt Gedanken machen wie sie mich unbemerkt wieder in mein Bett bekommen. Ganz einfach, auf Station angerufen und erzählt, ich

Säufer wäre dort angetanzt um mich vollaufen zu lassen, und man würde mich jetzt zurück bringen.

„Den ZVK mussten wir ihm neu machen, der hing schon daneben als der bei uns ankam".

Jetzt erwartet mich mal wieder die Rachsucht des Personals. Mal gucken, was sich diese Kreativsadisten nun für mich einfallen lassen.

Als ich aufwache, befinde ich mich wohl auf einem Dachboden oder in einem Dachgeschoss. Die Decke ist sehr hoch und durch große Fenster wird der Raum mit Licht durchflutet. Liege leicht nach hinten gekippt in einem Liegerollstuhl. Ich will mich am Kopf kratzen und muss feststellen, dass ich fixiert bin. An Händen und Füssen.

Die Temperatur hier ist sehr hoch und die Luft ist so schwer, dass es Mühe macht, sie in die Lungen zu bekommen. Drehe den Kopf nach rechts um mich umzusehen. In einem Bett, das dort steht, liegt eine sehr alte abgemagerte Dame mit dem Rücken zu mir gedreht und schläft. Oder ist sie wach? Ich kann ein leises Wimmern hören. Eine der super Schwestern kommt in den Raum, geht zu der Dame, boxt ihr in den Rücken und faucht sie an, endlich still zu sein. Sie würde die Party stören. Als sie die Bettdecke hochhebt, sehe ich einen Dekubitus am Steiß der Frau, dass mir die schwere Luft wegbleibt. Ein Po ist nur zu erahnen und das Steißbein ist eindeutig zu erkennen.

Die Dame bettelt um Gnade und Wasser.

„Sie kriegen nix zu trinken, Sie sabbern dabei und nachher pinkeln Sie wieder ins Bett und ich muss den Scheiß saubermachen, genau wie bei dem Assi-Säufer da drüben!"

„Außerdem will ich wieder zur Feier, wir verabschieden gerade eine Ärztin, die zur Entwicklungshilfe irgendwo in den ganz tiefen Osten nach Russland geht. Wenn man zu nett zu den Patienten ist, hat man hier halt keinen Platz mehr. Und Säufer, wenn sie sich nicht anständig verhalten, schicke ich im Möbelwagen mit." Wut über Wut macht sich wie so oft in meinen Eingeweiden breit.

Mein Hass steigert sich so weit, dass mein Nervensystem aufgibt und abschaltet - wie so oft umgibt mich auf einmal Dunkelheit.

Unsanft werde ich geweckt. Eine der Schwestern steht an meinem Bett und sagt, die Lehrpuppe für den Erste-Hilfe-Unterricht sei abhandengekommen und so müsste man für die Ausbildung des medizinischen Personals auf Altbewährtes zurückgreifen. Üben am lebenden Objekt.

Das wäre in dem Fall ich und ich sollte mich geehrt fühlen, dass zukünftige Leben, durch das Üben an mir, gerettet werden könnten. Meine Fixierungen werden nachgespannt und ich werde in einen wie ein Hörsaal aussehenden Raum gebracht. Der Unterricht geht los und den Anwesenden wird Herz-Lungen-Wiederbelebung erklärt. Als es ans Üben geht, sind die zukünftigen Sadisten nicht zu bremsen. Herzmassage an mir super. Finger suchen am Rippenbogen entlang den Druckpunkt und dann mit einem kräftigen Druck, merke ich, wie mein Brustbein bricht und gegen meinen Herzrhythmus gearbeitet wird. Mit Luft holen oder ähnlichem brauche ich mich gar nicht zu beschäftigen.

Schmerz, Panik und das „oh, dem geht es gar nicht gut" von den Umstehenden sind mehr als präsent in meinem Kopf. „So, wer möchte endotracheales Intubieren üben?" klingt die Stimme des Unterrichters. Zu der lebensverneinenden Aktion, die ich schon aushalte, wollen die mir jetzt noch einen Schlauch in den Hals schieben. Leute, das hat einen Grund, warum Leute, denen man so etwas zukommen lassen muss, bewusstlos sind oder medikamentös in diesen Zustand gebracht werden.

Mein Kopf wird ruckartig überstreckt. Als ich die Kiefer aufeinander press ,sagt der Lehrer: "So, dann kann ich euch auch gleich zeigen, wie man so einen Mund aufbekommt. Da gibt's eine Stelle am Kieferwinkel/Ohrläppchen, da drückt man dann mal kräftig drauf. Zack, geht der Mund auf.

„Jetzt guckt euch mal an, was für ekelige Zähne dieser verwahrloste Typ hat. Ist dann ja auch nicht ganz so schlimm, wenn man die mit dem Laryngoskop ausbricht".

„Das kann schon mal passieren. Und seine Zähne braucht der eh nicht mehr. Auf den wartet sowieso nur Sonden-Ernährung. So ist das, wenn man sein gutes Leben durch Saufen in den Zustand von „amphibischer Urscheisse" verwandelt. Also frisch ans Werk".

Ich spüre weiter den Druck auf der Brust und zusätzlich das kalte Metall des „Zungen-Beiseiteschiebers". Bekomme einen Kotzreiz, aber bevor ich dem nachgehen kann, fühle ich einen harten Schlauch in meinem Hals, der sich in meine Luftröhre schiebt. So eine Angst! Ich wünsche mir zu sterben, aber das bleibt mir, wie viele Wünsche, verwehrt.

Der Tubus wird mit einem Ballon geblockt und schon ist meine Atmung nicht mehr meine. Sie pumpen die Luft nach ihrem Gutdünken in mich. „So, nun simulieren wir eine kollabierte Lunge, der Patient braucht eine Thoraxdrainage". Theoretisch wird erklärt, wo man den Schnitt am Rippenbogen setzt, mit dem Finger stumpf vorpräpariert und dann durch das Brustfell die Drainage einführt. Das darf ich nun live an beiden Seiten meines Thorax erleben, ich bin ein Glückspilz.

Dieses Martyrium wird nie enden. Oder vielleicht doch? - die Versorgung von arteriellen Blutungen steht auf dem Plan. Wenn sie noch keine Ahnung haben, ist die Chance, in 10min endlich tot zu sein richtig groß und ich freu mich wie ein kleines Kind darauf.

Was ist Ihr sehnlichster Wunsch?

Ich will sterben, bitte! Da sich selten jemand mit einem Skalpell die Pulsadern öffnet oder verletzt, wird gefachsimpelt, welche Art der Verletzung an mir simuliert werden soll. Von Scherbe über Amputation bis Hundebiss sind fast alle Arten vertreten.

Also Arterienverletzung nach Fraktur kommt an dem linken Arm in Frage und schon rast der Schmerz durch meinen Arm. Er wird hochgehalten und ich kann sehen, dass mein Unterarm ein bisschen unnatürlich absteht. Um an die Blutung zu kommen, da es sich um einen nicht offenen Bruch handelt, schlitzen sie gleich den halben Unterarm auf. Mein Blut „splattert" in mein Gesicht, bis jemand auf den körpernahen Arterienstumpf eine Klemme setzt und das Bluten versiegt. „So, haben das alle gesehen? Jetzt geht's an die anderen, einfach zugänglichen Stellen, an denen man an Gefäße kommt". Sie schneiden in meine Oberschenkel und jemand lässt ein Amputationsmesser über mein rechtes Sprunggelenk tanzen. Ich glaube, das Poltern im Anschluss war mein abgefallener Fuß.

Da sich jemand überlegt hat, sehen zu wollen, wie ein Mensch abgeht, dem die Luft wegbleibt, wird der Beatmungsschlauch abgemacht, und er hält seinen Finger auf das Lumen. Ersticken kenne ich. Vor etwas, das man kennt, hat man nicht mehr so eine große Angst. Danke, Dunkelheit.

Ich in einem Rettungstransportwagen. Wo bringen sie mich hin? Zu dem Arzt nach Hause, der würde gern eine Studie über mich machen. Nicht über meine Person, aber über die Folgen, die lange Bettlägerigkeit mit sich bringt. Werde in seinem Wohnzimmer untergebracht. Wie pervers ist das denn? Seine Frau soll sich ab sofort um mich kümmern. Die versorgt auch die Kinder, die allem Anschein Menschen mit Behinderung sind.

Als ich mal wieder vor Stress, oder warum auch immer, Atemnot bekomme, müssen sie erst einmal einen Notarzt anfordern. Da dieser aber auf dem Land wohnt, braucht der auch seine Zeit.

In der Zwischenzeit hält mich die Frau des Mediziners mit Sprüchen bei Laune, wie „Stell Dich mal nicht so an, Du musst schon durchatmen" usw. Der Notarzt ist da - ich brauche mal wieder eine „Rein-in-die-bronchien-gucken-untersuchung".

Nachdem ich wieder halbwegs alleine röcheln kann, werde ich von allen verlassen und meinem Schicksal übergeben. Irgendwann sind die Schmerzen am Rücken und am Steiß nicht mehr zu ertragen, so dass ich wieder wegsacke und hoffe, dass ich nicht mehr aufwachen muss.

Aber diese Hoffnung wird mal wieder jäh zerstört, als ich wieder erwache. Aber dieses Mal fühle ich mich gut, leicht, frei geborgen. „Was ist hier los?" Mein Vater steht vor mir, aber nur schemenhaft erkennbar und lächelt mich an. „Was ist so lustig?" Er: "Nix ist lustig, ich wollte Dir nur mitteilen, dass ich Dich vom ersten Moment Deines Lebens an geliebt habe und immer mächtig stolz auf Dich war." Wow, so was hat mein Vater nie zu mir gesagt und es sind auch nicht nur die Worte sondern ich fühle, dass sich in dem Moment auch eine unbeschreibliche Wärme und Geborgenheit in mir breit macht und ich denke, ja so kann ich dann auch von dieser Welt gehen. Zufrieden halt.

Postkoma

„Machen Sie mal die Augen auf". „Machen Sie mal die Augen auf".

Ich strenge mich ja schon an, aber kriege die Augen nicht auf. Versuche die Hand zu heben. Misslungen. Finger heben? Alle Kraft in die Bewegung.

„Er bewegt den Zeigefinger". „Wenn Sie mich hören, heben Sie erneut den Finger".

Boah - das ist sooooo anstrengend.

„Sie sind wieder aufgewacht worden".

„Klappt das mit den Augen nicht?"

„Finger seitwärts bewegen. Ja, dann werden Sie erst mal ganz wach, dann bereden wir das alles später".

Ständig kommt jemand und leuchtet mir immer in die Augen! Alarm in meinem Kopf. Wer so oft auf Reaktionen getestet wird, der hat den Arsch schon ziemlich zugekniffen. Und das hörte nicht auf. Jeden Tag was Neues! Heute noch Katheter-Wechsel. Und so langsam kann ich nicht mehr liegen. Mein Steiß fühlt sich an wie mit einer Baseballkeule begrüßt. Die Schwester kommt und will mich umlagern.

„Stechbecken leg ich Ihnen mal unter."

Bettdecke weg und das Malheur ist da. Sagen, dass ich abführen muss, kann ich ja nicht. Kurz nachdem die Schwester in das Zimmer kam, musste ich so dringend, dass ich innerhalb von einer Minute das halbe Bett und mich beschissen habe!

Schön warm die Misere, aber unendlich peinlich. Die Schwester bleibt ganz cool und meint, dann müssten wir das jetzt zusammen saubermachen. Die ist gut: kann kaum den Finger rühren und soll ihr nun noch helfen.

Sie holt die Waschutensilien beisammen und zieht mir dann das offene OP-Hemd aus.

Ich kann dabei gar nichts machen, hänge wie ein nasser Sack im Bett.

Sie dreht mich auf die linke Seite. Hölle: was denn nun los, habe Schmerzen wie noch nie vorher, am ganzen Körper. Insbesondere die Gelenke fühlen sich an, als würden da glühende Messer drin stecken.

„Halten Sie sich mal bitte mit der rechten Hand am Bettgitter fest".

Und sie legt meinen rechten Unterarm über das linke Bettgitter. Halten geht gar nicht, aber Schmerzen umso mehr. Wenn ich doch nur etwas sagen könnte oder Laute von mir geben. Aber alle Versuche sind zum Scheitern verurteilt. Ich atme wie ein Hund nach 20 Kilometer am Fahrrad. Das Papier, mit dem sie mir den Arsch abputzt, scheuert ganz schön. Plötzlich ein stechender Schmerz. Sie ist an meinen Hodensack gekommen, nur ganz leicht aber es fühlt sich an wie mit Stahlkappen rein getreten.

„So jetzt mal auf die andere Seite drehen".

Unter übelsten Schmerzen werde ich auf die andere Seite gedreht und komme auf dem rechten Arm zu liegen. Sie bemerkt es sofort und zieht ihn unter mir raus. Schmerz, Schmerz, Schmerz - um Gottes willen, wann hört das auf? Als ich wieder auf dem Rücken liege, fragt sie, auf welche Seite ich gelagert werden möchte. Dazu kann ich mich nicht äußern und sie wählt die rechte. Ich will nur wieder ins Koma gelegt werden, damit die Schmerzen aufhören. „Machen Sie mal die Augen auf".

Muss wohl wieder weggepennt sein. Augen gehen nicht auf, dann eben das einzige bewegen, was ich kann: rechter Zeigefinger, tanz los.

„Nicht den Finger bewegen, die Augen aufmachen."

Versuche mit dem Kopf zu schütteln, um zu verdeutlichen, dass ich wach bin und alles mitbekomme, aber keine Bewegungen machen kann. Wo sie schon mal da sind, könnt ja auch mal jemand dran denken, dass ich mal was trinken muss. Mein Mund fühlt sich an, als hätte ich da fünf Zentimeter dickes Fell drin. Husten, ich muss husten ,da ist ein Reiz in meinem Hals, also tief einatmen und Luft stoßweise rauspressen. Gute Theorie, aber die Umsetzung hakt schon beim Einatmen. „Lunge hört sich besser an, aber die Bronchien hängen im Schleim, wir müssen mal absaugen".

Nein! Nicht noch einmal, aber Gegenwehr ist in meinem Zustand gar nicht möglich. Der Absaugkatheter wird eingeführt und saugt die Luft an, die ich eigentlich einatmen wollte. Prompt geht der Alarm vom Pulsoxy an, weil meine O2-Sättigung sofort abfällt. Wieso bin ich schon wach, wenn ich so schlecht atmen und mich in keinster Weise verständlich machen kann? Die werden es schon wissen.

Ah, kriege ein Auge etwas auf. Alles viel zu hell hier, schnell wieder zumachen. Die Schwester kommt rein und sagt: „Guten Morgen". Gerade war doch noch Nachmittag. Das machen die hier ständig mit der falschen Tageszeit. Quäle mein Auge auf. Jetzt ist mir die „Kack-Aktion" vom letzten Mal, als sie bei mir war, noch peinlicher. Die Schwester ist gerade mal Mitte 20 und sieht super aus.

„Sie können ja schon ein Auge öffnen. Das ist super. Ich würde Sie gerne mal auf die Bettkante setzen, so zur Mobilisation".

Wer schweigt, stimmt zu, ist so ein Merksatz aus der Rechtskunde. Ich stimme aber bei Dingen zu, die ich gar nicht möchte, einfach nur weil ich nicht sprechen kann. Sie muss ganz schön arbeiten, bis sie mich 89 Kilogramm Mann auf der Bettkante sitzen hat. Werde von ihr sehr gut festgehalten. Das Sitzen tut auch sehr weh, und mir ist echt schwindelig, aber ist mal so eine andere Lage. Als sie ihren sichernden Griff etwas lockert, stelle ich fest, wie es ist, wenn man „Muskeltonuslosigkeit" sein eigen nennt. Ich sack in mir selber zusammen und die Schwester kann mich grad noch rückwärts ins Bett schubsen, damit ich nicht auf den Boden rutsche. Die ganze Aktion war für mich so anstrengend, dass ich nach Luft japse wie ein Koi an Land. Jetzt noch auf dem Rücken im Bett liegend und meine Beine ragen waagerecht über die Bettkante hinaus. Das ist ein Schmerz, den ich hier nicht in Worte fassen kann.

Und was ich auch versuche, ich kann mich nicht bewegen. Bis ich wieder normal im Bett liege, hat die Schwester eine Kollegin geholt für den schlaffen Brocken Mann.

Lugt auf einmal jemand um die Ecke, und die Schwester sagt: „kommen Sie rein, wir sind hier erst mal fertig". Was haben denn die jetzt hier mit mir vor, wollen die mich hier jetzt ganz madig machen?

Mit dem einen, noch nicht wieder ganz scharf gestellten, Auge erkenne ich einen großen, wie ein Baum wirkenden, Mann. Die Stimme kommt mir auch irgendwie bekannt vor und der sagt „Junge" zu mir.

Nee, also der Scherz ist jetzt echt makaber, da haben sie doch glatt einen Schauspieler rangeholt, der mir vormacht, er sei mein Vater, aber der ist ja nun mal tot. Ich erlebe die drehenden Pupillen noch einmal und mein ganzer Körper wird zur Gänsehaut und verkrampft sich, was erhebliche Schmerzen auslöst, von dem Schmerz in meiner Seele mal ganz abgesehen.

Um mich unter gesetzliche Betreuung stellen zu wollen, hätten sie sich wirklich nicht solche Mühe machen müssen. Dreckspack hier alle. Der Typ haut wieder ab. Also, wenn ich den Zustand hier überstehe, was für mich noch lange nicht klar ist, stehe ich ganz alleine da.

Fahrlässige Tötung am Arsch, mal gucken, wann die Polizei kommt. Aber wahrscheinlich bleibe ich so ein sabbernder Pflegefall, der ich zur Zeit bin.

„Sie haben sich die Magensonde rausgezogen, die müssen wir dann jetzt zum x-tenmal neu legen. Warum tun Sie das immer?"

Ich war an der Sonde gar nicht dran, denke ich so bei mir und mir wird klar, warum mir hier keiner was zu essen und zu trinken bringt.

Zwei weitere Tage, die ich in Ermangelung einer positiven Zukunft siechend, in meinem eigenen Dreck verbracht habe, sollen hier auch nur so erwähnt werden.

Heute kann ich durch beide Augen gucken und auch schon Laute von mir geben. Meinen rechten Arm kann ich auch schon etwas bewegen. Die Bewegungen machen aber verdammt heftige Schmerzen. Meine linke Schulter tut auch sehr weh. Warum eigentlich? Und auf dem linken Schulterblatt ist so ein Schmerz wie eine Brandverletzung. Ah, die Schwester kommen, ich möchte etwas erzählen, aber die Schwestern meinen, es käme nur Lallen raus. Aber in meinem Kopf ergeben die Laute doch einen Sinn. Prima, ich fühle mich schon minimal besser, aber meine Umgebung erlebt mich als zu 100 Prozent behindert.

Wenn so meine Zukunft aussieht, hättet ihr mich mal besser sterben lassen.

Wäre eh besser, wo meine Familie ausgerottet ist.

Wo bleibt eigentlich meine beste Freundin, will die mich gar nicht besuchen? Die rechnet wohl auch damit, dass ich ein „Pampersscheißer" bleibe. Ist auch besser, wenn die mich jetzt nicht auch noch pflegen muss. Sie hat in ihrem Job auch so schon genug zu tun.

Während ich so meinen Gedanken nachhänge, haben die Schwestern mich abgedeckt und wollen mich lagern. Mal wieder Kot im Bett, aber mein Schamgefühl hält sich mittlerweile in Grenzen. Beim Arschabwaschen mit Lappen und Wasser stelle ich plötzlich fest, dass ich seit meiner Erweckung kein Hautgefühl hatte, außer die Gänsehaut und Verkrampfung, wenn ich an den Tod meiner Familie gedacht habe. Der Lappen fühlt sich an wie grobes Sandpapier und das Wasser ist in der einen Sekunde heiß, in der anderen eiskalt.

Als ich die Waschtortur überstanden habe, fassen die Schwestern, die eine rechts, die andere links, an Oberarm und Oberschenkel und wollen mich zum Kopfteil des Bettes hochziehen. Mein linkes Schulterblatt mit der „Verbrennung" wird dabei über die Matratze geschoben und am linken Oberarm gezogen. Schmerzkombie mit glühenden Messern in den Gelenken vom Feinsten. Meine subkapitale Humerusfraktur links (Oberarmbruch links) fällt mir ein und dass man wohl schon die ganze Zeit beim Waschen und Lagern daran herumzieht. Hatte das ja weder dem Notarzt noch in der Notaufnahme aus oben genannten Gründen mitgeteilt. Und jetzt war auch noch nix gut mit sprechen, also aushalten. Nach diesen Erkenntnissen war mal wieder absaugen angesagt, das passiert so regelmäßig, dass ich mir das fast zum Hobby machen wollte. Und alle paar Stunden wird mit dem Bronchoskop gespült. Meine Lunge muss echt gut was abgekriegt haben.

3.Tag nach Wiedererweckung.

Der trübe visuelle und akustische Schleier, durch den ich bis jetzt alles um mich herum wahrgenommen habe, hat sich mehr und mehr gelichtet. Sprechen kann ich immer noch nicht so gut, ist quasi noch katastrophal, aber ich kann mit dem rechten Arm Handzeichen geben. Temperaturmissempfindungen sind noch stark und die Erinnerungsflashs aus der Zeit des großen Schlafens sind noch sehr massiv und schwächen mich für Sekunden, wenn sie über mich kommen. Der Typ, der sich als mein Vater ausgibt, hat noch jemanden mitgebracht, der mein Bruder sein will, oder hatte ich einfach nur die übelsten Alpträume der Universumsgeschichte?

Struktur-Denken ist bei mir nicht so arg vertreten. Aber die Schwester will mich mit aller Macht mobilisieren. Da kommt ihr mein Wunsch nach Stuhlentleerung gerade richtig.

„Ja, wenn Sie abführen wollen, setze ich Sie mal mit einer Kollegin zusammen auf den Toilettenstuhl."

Das wird der Kollegin nicht gefallen, mit mir zusammen auf dem Stuhl kacken zu müssen, wollte ich sagen, aber es kam wieder nur „LALLAoi" heraus. Nachdem die beiden mich auf die Bettkante gewuchtet hatten und je an einer Seite stehen und durchatmen, wird mir empfohlen, die Knie durchzudrücken im Stehen und mit Kraft mitzuhelfen. Will ja auch, dass ich mithelfen kann, und als sie mich hochziehen, bin ich so motiviert und voller Kraft, dass mir der Kot am Bein runter läuft.

Aus Schock über meine unfreiwillige Entleerung und den Kreislaufabfall durchs Aufstehen, sack ich in mich zusammen, und den beiden bleibt nichts anderes übrig, als mich auf das Bett zu schubsen, wo ich dann wieder wie ein Käfer auf dem Rücken liege. Wieder einmal muss durch meinen versagten Schließmuskel alles frisch gemacht werden, und ich verliere endgültig die Hoffnung, dass es jemals besser wird.

Dann ist da noch die Uhr über der Tür, eine Art Bahnhofsuhr.

Es gibt wohl nicht viel Schlimmeres im Rahmen der Zeitwahrnehmung als eine Uhr, auf die man ständig gucken muss und die Zeit einfach nicht vergehen will. Augen zu, Augen auf, zwei Sekunden vergangen, usw. Unterbrochen wird das Zeitmartyrium nur, wenn mal wieder die Schwester zu mir kommt und was von Mobilisation redet. Mimik muss bei mir wohl auch erloschen sein, sonst würde sie merken, dass ich bei dem Wort

Mobilisation nur Wut bis hin zum Hass empfinde. Oder es ist ihr einfach egal.

„Sie müssen doch wieder auf die Beine kommen, Sie sind doch noch so jung. Sie wollen doch wohl nicht immer gepflegt werden".

Doch ich will einfach nur in Ruhe vor mich hin verwesen. Was hab ich denn noch? Mir bleibt doch nur das bewusste, wache Dahinsiechen, bis der da oben, der sich Gott und barmherzig nennt, mal wirklich barmherzig ist und mich genau wie meine Familie verrecken lässt.

Es ist mal wieder Zeit für Mobilisation unter genannten Motiven und ich habe auch die innere Gegenwehr aufgegeben, bringt ja doch nix. Auf die Bettkante gesetzt und dann kommt:

„Sie müssen mal tiiieeeffff atmen".

Ich atme so tief ich kann, kann doch nix dafür, dass sich das wie eine „Töle" anhört, die unter schwerem Asthma leidet. Jetzt werd ich auch noch von einer anderen Schwester manuell abgeklopft. Sie schlägt mit hohler Hand meine Rippenbögen auf dem Rücken lang.

„Das löst den Schleim, dann können Sie besser atmen".

Besser atmen kann ich, wenn der Doktor mal wieder mit dem Bronchoskop da war. Aber Berührungen tun schon weh und das Abklopfen hämmert bis unter die Schädeldecke und ich habe das Gefühl, dass sie mir die Rippen brechen will. Nach dem Atemtraining stehen dann beide wieder neben mir und wollen mich in den Stuhl wuchten.

In dem Moment kommen die Typen zu Besuch, die mir familiären Anhang simulieren sollen.

Der, der auf meinen Bruder macht, sagt dann:

„Super Du kannst ja schon sitzen".

„Schwester mobilisieren Sie den mal öfter, damit der wieder auf die Beine kommt!"

„Arschloch dämliches", wenn Du wüsstest, wie sehr ich Dich in diesem Moment hasse. Wenn die mich jetzt in den Stuhl setzen, muss ich bestimmt wieder kacken. Egal, die Typen gehen mir eh am Arsch vorbei. Jetzt sitz ich wieder in meinem Folterstuhl, es dauert nur eine bis zwei Minuten, bis mir wieder der Arsch und der Rücken dermaßen schmerzen, dass ich mich wieder ins Koma wünsche. Und ich friere als sei ich im Operationshemd in Sibirien.

Sekunden später ist mir heiß wie im Death Valley. Guter Vergleich, wäre ich nur da, dann wäre es schnell zu Ende mit mir. Durst hab ich und meine Zunge fühlt sich an als wäre sie mehrere Zentimeter dick. Dazu der Geschmack von Verwesung im Mund. Geil, mein Leben ist nur geil. Mache das Handzeichen, dass ich etwas trinken möchte. So mit imaginärer Flasche in der Hand und zum Mund führen. Die Schwester meint, dass es wohl nicht klappt mit dem Trinken. Sie ist aber bereit, es mit mir auszuprobieren.

„Nur ein ganz kleiner Schluck".

Hält mir den Schnabelbecher an die Unterlippe, kippt leicht den Becher und ein minimaler Schluck Wasser erreicht meine Zungenspitze. Setzt den Becher ab, und ich schließe den Mund, d.h. ich habe es versucht, der hält nämlich auch nicht richtig dicht und das Wasser läuft mir übers Kinn auf die Brust. Die Frustration, die ich gerade empfinde, grenzt an totale Resignation. Immer wenn ich denke „schlimmer geht es nicht", wird's noch eine Spur herber. Die Schwester meint, dass ich total schief in dem Stuhl sitzen würde und ruckelt mich richtig. Meint sie.

Ich sitz doch gerade und sie legt mich ein Stück zur Seite.

Blöde Schikane hier alles.

„So, Sie bleiben dann jetzt mal so 15 Minuten in dem Stuhl sitzen, dann legen wir Sie wieder hin". Was 15 Minuten? Ich kann jetzt schon nicht mehr auf dem Arsch sitzen, geschweige denn so schief. Sie macht einen Tisch an dem Stuhl fest, der über die Armlehnen geschoben wird, der sitzt so stramm, den kann man nicht einfach wegschieben. Als sie rausgeht, will ich sie anschreien, dass sie bleiben und mich wieder hinlegen soll, aber es kommt nur „lallalajd" raus.

Ich sitze so da, versuche die Schmerzen zu ignorieren und starre auf diese verdammte Uhr. Seit sie gegangen ist, sind schon genau 45 Sekunden vergangen. Schmerzen zu ignorieren ist nicht möglich, wenn diese alles bestimmend sind. Ich bestehe quasi nur aus Schmerzen. Fünf Minuten rum. Jemand geht an meiner offenen Zimmertür vorbei und winkt.

Ja, auch einen schönen Tag, Penner.

Zehn Minuten rum.

„Alles in Ordnung?"

Da kommt von mir mal wieder nur schweigende Zustimmung.

15 Minuten rum.

Es kommt niemand.

Man, ich habe mich hier über die Zeit gequält und dann kommt sie nicht pünktlich zurück. Niemals vorher wollte ich mit so einer Inbrunst schreien, aber es kommt nichts raus. Versuche meinen Oberkörper nach links zu werfen, strenge mich richtig tierisch an und tatsächlich: mein Oberkörper kippt nach links. Dumm nur: da ist keine hohe Lehne und ich häng nach links über der Armlehne. Versuche mich mit aller Kraft mit dem rechten Arm am Tisch wieder aufzurichten. Keine Chance. Kann nicht mal die Tischkante greifen.

Bin wach in meinem toten Körper gefangen. Nach gefühlten Stunden kommt eine andere Schwester und meint, ich könne ja wohl gerade sitzen bleiben.

Elendes Drecksweib. Leg mich lieber wieder ins Bett, wo jemand, der so angeschlagen ist wie ich, hingehört. Nach dem Transfer will sie bei mir Mundpflege machen. Holt die Sachen ran und fängt auch sogleich damit an. Jetzt muss man wissen, dass schon eine Zahnbürste bei mir an den Backenzähnen einen Würgereiz auslöst und die steckt mir ihren behandschuhten Finger samt Kompresse in den Mund.

Prompt geht das Würgen los. Dieses verdammte Würgen werde ich wohl auch nicht mehr los. Es ist alles so aussichtslos. Lieber Gott, mach dem Leid doch an dieser Stelle ein Ende. Mehr vertrag ich auf keinen Fall.

"Doch tust du", höre ich ihn sagen, denn ich habe mich jetzt auch noch unnötigerweise an meiner eigenen Spucke verschluckt. Was jetzt kommt, weiß schon jeder.

Absaugen.

Nach der Anstrengung kann ich wenigstens schlafen, wenigstens so lange, bis mich die Druckschmerzen vom Liegen wieder wecken. Habe Durst, unendlichen Durst. Auf dem Nachttischchen am Bett steht eine Flasche Wasser. In Reichweite. Der Durstgedanke lässt mich den Arm danach ausstrecken. Dumm, es fehlen ca. 20 Zentimeter, um das kühle, erfüllende Nass mit meiner Hand zu erreichen. So sehr ich mich auch strecke und bemühe, ich komm` nicht näher dran. Mein Hals, meine Lippen und meine Zunge fühlen sich an wie die Wüste Gobi. Routinekontrolle der Schwester.

„Wollen Sie trinken?"

Versuch des heftigen Kopfnickens meinerseits.

„Aber Sie wissen doch, dass es nicht funktionieren wird. Wenn Sie sich verschlucken und Wasser aspirieren, droht doch wieder eine Pneumonie. Und eine heftige haben Sie doch grad erst hinter sich."

Und warum steht dann eine Flasche Wasser in meinem Gesichtsfeld?

Schlagartig erklären sich mir die Brustschmerzen, die ich habe, die sich bei jedem Atemzug verstärken. Sie holt eine kleine Flasche, die wohl augenscheinlich einen Pumpzerstäuber-Kopf hat, befüllt sie mit Wasser und besprüht meine Lippen und meinen Mundraum. Dabei bilden sich Wassertropfen an meiner Oberlippe, die ich mit der Zunge gierig ablecke. Versuche das Wasser eilig in meinem Mund zu verteilen. Als sich das göttliche Nass in meinem Rachen sammelt, versuch ich es abzuschlucken. Fehler. Krieg es prompt in die falsche Tröte und fang an, tierisch zu husten.

„Sehen Sie, wenn das schon mit einem Tropfen passiert: Trinken können sie erst mal abhaken", sagt sie und stellt die Flasche weg. Husten ist das auch nicht, was ich hier mache. Ist mehr so stoßweise ausatmen.

„Sie müssen kräftig husten und ausspucken."

Kann weder husten noch spucken und sie greift wieder zum Absaugkatheter. Mittlerweile stört mich der Absaugkatheter im Hals schon fast gar nicht mehr. Er wird sogar zu einem Freudenspender, der mich freier atmen lässt. Genau so wie der Schmerz an sich, den ich dauernd verspüre und die heftige Ganzkörpergänsehaut, die in Intervallen mit leichten Muskelverkrampfungen über mich kommt. So scheiße sich das alles anfühlt, bedeutet es doch, dass ich lebe.

Ich glaube, dass sich ab da meine Einstellung grundsätzlich geändert hat. Ich will ja wieder auf die Beine kommen. Aber ich habe das Gefühl, so sehr ich es auch versuche, es ist zum Scheitern verurteilt.

Ständig werde ich auch von Erinnerungsflashs malträtiert. Meistens, wenn diese Gänsehaut über mich hereinbricht.

Sie kommen mal wieder zum Umlagern. Sicher, die Gefahr eines Dekubitus besteht bei mir natürlich, außer Frage, aber das Lagern ist so schmerzhaft und unangenehm, dass mir jedes Mal die Panik in die Augen steigt, wenn sie das vorhaben. Ich werde abgedeckt, an jeder Seite des Bettes steht eine Schwester. Das Kopfteil wird ganz herunter gefahren und ich werde meiner Kopfkissen beraubt. So ganz flach zu liegen ist äußerst unangenehm. Die Schwester links von mir beugt sich über mich, greift an meine rechte Schulter und an meinen rechten Beckenkamm, sagt „nu mithelfen" und dreht mich zu sich auf meine linke Körperhälfte. Da ich keine Körperspannung habe, kann ich meinen Kopf nicht steuern und er fällt durch die Bewegung in dieselbe Richtung wie mein Körper. Ich liege auf der linken Seite, mein Kopf hängt nach unten und ich merke, dass ich auf dem linken Arm liege, der mir sogleich zeigt, dass er noch nicht verheilt ist.

Lieber Gott, wenn ich doch nur was sagen könnte, dann würde die Schwester das mit meiner Armfraktur endlich erfahren und sie würden mit ihm umgehen, wie man das mit fakturierten Gliedmaßen so macht. Aber woher sollen sie das wissen? Hatte ja keine Möglichkeit, das irgendjemandem mitzuteilen. Die Schwester auf der rechten Bettseite muss mal wieder meinen Hintern sauber machen, was ja auch bedingt, dass meine Hoden säuberungsbedürftig sind, und schon habe ich wieder heftigste Schmerzen in denselbigen. Die Schwestern geben sich echt Mühe, vorsichtig mit mir zu sein, aber ich bin so empfindlich, dass sich alles anfühlt wie Folter. Die Inkontinenzunterlage hat auch etwas von meiner Kacke abbekommen und sie muss gewechselt werden. Hierfür wird sie bis an mein Becken zusammengerollt, die neue, zur hälfte aufgerollte, darüber gelegt und der Patient, also ich, werde anschließend über den entstandenen Hügel gerollt und auf den Rücken gedreht. Jetzt ist mein Bauch überstreckt, Schmerz. Die Schwester rechts von mir beugt sich nun über mich und dreht mich zu sich. So kann die andere die dreckige und die saubere Unterlage unter mir wegziehen. Auf der rechten Seite ist das Bettgitter noch hoch und die Schwester nimmt meine linke Hand, legt sie darüber und meint, ich solle mich mal mit festhalten. Der Arm ist nicht zum Festhalten aufgelegt und zur Bewegung schon gar nicht. Werde noch zwei- bis dreimal gedreht, bis mein Bett faltenfrei ist und ich mit einer neuen Vorlage versorgt bin. Sie beschließen, mich auf die linke Seite zu lagern. Das machen die beiden auch wirklich gut. Ich liege nur schon wieder auf der Frakturstelle und dieser Schmerz ist zum an die Decke springen. Ich versuche, mit dem Kopf zu schütteln und ein „eh eh" rauszubekommen. Die Schwester lächelt mich an und meint doch: "Wir müssen Sie mal auf die Seite legen, sonst liegen Sie sich noch wund und das können Sie gar nicht gebrauchen. Sie hat ja Recht, aber mein Arm - OHHH.

Das passiert so alle zwei Stunden in einem stumpfen Stakkato. Die Chance, dass es für den Rest meines Lebens so sein wird, ist enorm hoch. Ich wünsche mich in den Zustand auf der Entgiftungsstation zurück, mit dem Mut, nicht die Klingel zu benutzen. Hätte ich mich doch bloß nicht bemerkbar gemacht. Nur noch etwas die Panik aushalten und alles wäre vorbei gewesen. Kein Leid, kein Kämpfen, keine Panik mehr. Und meinem Umfeld wäre auch geholfen gewesen. Versuche ja den Armschmerz auszuhalten, aber das geht nicht, suche mit der rechten Hand meine Schelle und finde sie nicht. Es war an einem Sonntag, das weiß ich so genau, weil eine Schwester es gut mit mir meinte und mir den kleinen Monitor an meinem Bett einschaltete und Formel 1 lief. Sie hat es echt gut gemeint, aber ich konnte zum einen nicht wirklich scharf gucken, weshalb auch nur Punkte über den Bildschirm fegten. Zum anderen habe ich die Geräusche und die schnellen Farb- und Helligkeitswechsel als nur schwer auszuhalten empfunden. War auch mit der Hand nicht fähig, dieses abzustellen.

Lieber Gott, wenn Dir an mir irgendetwas liegt, hol` mich hier raus, hol` mich hier raus.

Konnte mich noch nie leiden, aber jetzt fange ich an, meine Regenerationsfähigkeit zu hassen. Ohne jegliches Zeitgefühl plätschere ich zwischen lagern, saubermachen und immer wieder fast hypoxischen Zuständen dahin. Starre Hoffnungslosigkeit und Resignation: will hier raus, raus aus diesem Körper, sterben, lasst mich verdammt noch mal sterben.

Der Alkohol hat mir schon alles genommen, nehmt mir jetzt bitte die Qualen. Jedes Leben ist schützenswert. Scheiß drauf, dieses nicht, dieses Leben bereitet nur Leid, Kummer und Ärger.

Dass irgendwann jemand in mein Zimmer kommt, nehme ich kaum wahr, aber es geht mal wieder um diese „Drecks – Mobilisation". Ich soll mal wieder ein bisschen sitzen.

Boah, das geht doch wieder nicht gut. Rutsche bestimmt von der Bettkante oder so. Wieder nicht richtig von mir, soll wieder in diesen Drecksstuhl. Das wird nie enden. Ich hab ein im Grundgesetz verankertes Recht, mich selber zugrunde richten zu dürfen, aber diese übersteigerten Egos wollen mir das nicht zugestehen. Habe mir wohl mal wieder die Ernährungssonde rausgezogen.

Anschiss gibt's mittlerweile, dass man die Uhr danach stellen kann. Und schon wieder schiebt mir irgendjemand was in eine Körperöffnung. Bei der Sonde muss man, wenn sie an einen bestimmten Punkt durch die Nebenhöhlen im Rachen angekommen ist, schlucken aber das geht ja auch nicht, also prokelt man so lange, bis man die richtige Öffnung im Schlund gefunden hat. Sehr angenehm ist das nicht. Man ist echt schlecht dran, wenn es einem dreckig geht, sie haben für alles eine Lösung, wenn der Körper versucht zu sterben, z.B. Zwangsernährung. Sie ist das Gewissen beruhigende Mittel. Der kriegt Nahrung, das ist gut. Nahrung positiv, Pflegekraft im Versorgungshimmel. Qual wird verlängert, wird ausgeblendet, weil man ja was Gutes tut. Von wegen individuelle Patientenversorgung, das ist alles nur „ Ego-Bereicherungsscheiss". Wie es dem Versorgten geht, interessiert keinen. Mittlerweile hänge ich mit dem Kopf fast auf der vor mir fixierten Tischplatte.

Das ist keine physiologische Grundhaltung der Wirbelsäule. Eine der „Ego- Beweihräuchernden" sieht das, kommt zu mir und meint, ich müsse mich mal gerade halten. Zieht mich hoch und sagt: "Wie soll das bloß mit Ihnen werden?" Ja, das weiß ich auch nicht, aber sieht doch schwer nach glücklicher Zukunft aus.

So siech ich durch die Tage.

Irgendwann, es klappt mit dem Japp-Sprechen mal besser mal schlechter, sagt der Arzt bei der Visite: „Wir sollten mal ein Schädel-MRT schreiben, der Hirnschaden muss ja dokumentiert werden." Aha, die Frage ist nicht, ob Hirnschaden sondern nur wie umfangreich der ist. Macht Hoffnung, glaubt Ihr eigentlich man kriegt nix mit, nur weil man hier liegt?

Ins MRT -   da mache ich nicht mit, das ist auch so eine Diagnostik-Veranstaltung, die dem Radiologen `ne feuchte Unterhose macht und wo auf die Panik des Patienten zur Frohlockung der Ärzteschaft keine Rücksicht genommen werden kann. „Dormicum" „Dormicum" press ich irgendwie heraus.

„Bitte, was haben Sie gesagt?"

„Dormicum Angst". Stelle fest,   sprechen macht leicht schwindelig, drei Worte sind so anstrengend, dass meine Sauerstoffversorgung in den Keller geht, die müssen doch mal merken, an was für einem dünnen Faden ich hänge.

„Wir können Ihnen nicht ständig was zum Sedieren geben", sagt die Schwester, die bei der Visite dabei ist.

„Haben Sie so eine starke Angst?" der Arzt fragt mit ruhiger Stimme.

„Panik" „Panik"

Ja, dann geben wir Ihnen etwas. Ein Lichtblick.

Die Schwester: „Ist das nicht ein bisschen übertrieben? Wir dürfen auch nicht vergessen, das ist ein Suchtpatient, nicht dass der jetzt noch eine Benzoabhängigkeit entwickelt."

Ich hasse Pflegekräfte, die alles besser wissen.

„Wir müssen gucken, dass wir den Patienten nicht mit solchen diagnostischen Sachen verschrecken, wir wissen ja noch gar nicht, wie oft der in Zukunft so was über sich ergehen lassen muss".

Das ist mal nett und gleichzeitig doch erschreckend. Er geht davon aus, dass in meiner Birne nur noch Mus ist. Werde in die Radiologie gefahren. Am MRT sagt jemand: „ ich spritz Ihnen jetzt was". In mir breitet sich Wärme aus und ich schlaf zufrieden ein.

Wieder wach ist die Zufriedenheit schlagartig vorbei. Wenn man grade wach wird, kriegt man nicht soviel mit, aber es kommt und schleichend kommen alle schrecklichen Wahrnehmungen zurück und überrollen mich fast.

Ah, ein neues Gesicht steht an meinem Bett. Stellt sich als Logopäde vor. Fragt mich, wie ich heiße. Kommt was aus meinem Mund? Aber bestimmt nicht mein Name.

Er wolle jetzt mit mir ein paar Übungen machen, damit das mit dem Sprechen und dem Schlucken besser wird. Der kann mich mal.

Hören tut auf mich sowieso keiner, und wenn das mit dem Schlucken klappt, muss ich mich noch selber mit Nahrung am Leben halten. Moment, dann kann ich die Nahrung ja auch verweigern. Ach nee, das fällt dann wieder unter Selbstgefährdung und ich werde wieder zwangsernährt.

Ich soll mein Kinn Richtung Brust drücken und mal versuchen, zu schlucken. Kopf anheben geht super und zwar gar nicht. Seine Therapeutenhand legt sich an meinen Hinterkopf und führt mein

Kinn Richtung Brust. Das ist ein frohlockendes derbes Ziehen in meiner Halswirbelsäule.

Das lassen wir dann mal besser sein. Dann eben mal die Zunge rausstrecken und die Lippen zu einem Kussmund machen.

Stelle fest, dass ich durch Wahrnehmung nicht erörtern kann, wo diese beiden Körperteile sind. Geschweige denn, sie willentlich beeinflussen zu können. Soll mit meiner Zunge gegen die geschlossenen Lippen drücken. Kann nicht mal die Lippen schließen, geschweige denn geschlossen halten. Und die Versuche sind anstrengend und zermürbend.

Als er sich verabschiedet hat, stelle ich fest, dass ich jetzt zwischen passivem Frust durch meine Unbeweglichkeit und aktiven Frust, den ich durch die Übungen selbst auslösen kann, Abwechslung erlebe.

Mir ist kalt, unendlich kalt, aber da ich diese Wahrnehmung schon so gut kenne und das ja eine Form von Körpergefühl ist, bin ich froh über die Kälte. Mal gucken, wen die mir als nächstes schicken, meine Frustschwelle hoch zu setzen.

Bei der nächsten Mobilisation kann ich meinen Oberkörper schon 15 Sekunden selber halb grade halten. Die Schwester nimmt das zum Anlass, eine Hoffnungsrede zu halten. Hoffnung ist eine der bescheuerten Empfindungen, sie geht nicht weg, irgendwas in mir treibt mich immer wieder in die Hoffnung, dass es vielleicht doch besser werden kann.

Dann will ich aber mal wieder was machen, so utopische Sachen wie kratzen, weil es juckt und bin wieder voll im Frust.

Das ist auch krass, jeder kennt das, wenn es an einer Stelle juckt, wo man nicht dran kommt. Da macht man dann Sachen, um sich zu kratzen, damit das bloß aufhört. Mein ganzer Körper juckt, und ich komm nirgends dran und kann mir auch nicht durch „über das Laken schubbern" Erleichterung verschaffen.

Alles ist darauf ausgelegt, mich in den Wahnsinn zu treiben.

Und dieser Arzt, der schon wieder an meinem Bett steht, ist der Hermes des Wahnsinns.

Jetzt will der von mir Hirnwasser. Eine Lumbalpunktion zur Liquor-Gewinnung. „Dormicum" ist meine Hoffnung, aber diesmal mahnt er an, dass ich für die Punktion sitzen sollte und dass das mit einem gänzlich erschlafften Körper ja wohl nicht möglich sei. Der soll sich mal überlegen, was er da grad von sich gegeben hat. Bin sowieso erschlafft bis dorthinaus. Als er mir in die Augen guckt, wird ihm das, glaub ich, auch sofort klar und er schickt die Schwester, das Zufriedenheit bescherende Elixier zu besorgen.

Das ist auch eine Abhängigkeitsform, aber mir in meinem Zustand völlig egal. Ein Schmerzpatient ist auch von seinen Opiaten abhängig, abhängig von der Schmerz befreienden Wirkung. Der Pfleger, der zu uns kommt, um mich auf der Seite liegend festzuhalten, sieht aus wie der Typ, der dabei war, als ich auf der Drogenparty den Zentralen Venen Katheder gewechselt bekommen habe. Mir schwant, dass sich irgendwie Traum und Realität vermischen. Und als ich das klärend in meinem Kopf bearbeiten will, kommt diese Wärme. Jetzt in diesem Moment will ich das für mich klären und nicht pennen, aber da ist es schon zu spät.

Als ich wieder aufwache, versuche ich sofort an den Moment des Einschlafens zu denken und will jetzt mal klar haben, was hier eigentlich abgeht, aber mein Wortschatz und meine Fähigkeit mich mitzuteilen reichen dafür noch nicht aus. Es kommen Gefühle über mich, die ich so nicht kenne. Wem hier habe ich Unrecht getan, was ist wirklich passiert? Bin ich wirklich matsche im Kopf, dass ich das nicht mehr hintereinander bekomme? Die müssen mich hier hassen wie die Pest. Ich finde, ich bin der schlimmste Patient, den man haben kann. Man reißt sich den Arsch auf, um das Stück

Scheiße am Leben zu halten und der hat nichts Besseres zu tun als einem mit totaler Ablehnung und Verachtung entgegen zu treten.

Sollte mich vielleicht damit abfinden, dass das alles hier eine Form von Bestrafung für den jahrelangen Scheißumgang mit mir selber ist. Moment, das ist neu: ich weiß nicht nur, dass ich mich mir gegenüber megascheiße verhalten habe, jetzt fühle ich das auch.

Und das ist so ein heftiges Gefühl, dass ich will, dass es aufhört. Tut es aber nicht. Die Scham, die sich durch diese Empfindung in mir breit macht, ist so gewaltig, dass Schmerzen, Selbstmitleid, Verachtung gegen das Leben anfangen in die zweite Reihe zu rutschen. Das tut so weh, das ist Seelenschmerz, glaub ich, den ich bitte irgendwie nie vergessen darf, sagt mir irgendwas in mir.

Ich lebe, ich lebe - dieser fette Seelenschmerz sagt mir, dass ich lebe und das will ich auch jetzt. Ich glaube, ich habe die Tür zu meiner Eigenwahrnehmung gefunden und die will ich offen halten – nein, das ist, glaube, ich im Moment gar nicht nötig, das drängt mit so einer Wehemens nach draußen, dass ich das gar nicht mehr stoppen kann.

Bitte kann jemand zu mir kommen, ich muss da dringend was mitteilen sonst platzt mir mein Bauch. Aber es kommt niemand, und ich muss es aushalten, keine Absolution zu bekommen. Etwas aushalten war noch nie meine Stärke.Wenn ich unangenehme Sachen aushalten musste, ging das immer nur mit Flucht.

Jemand sauer = abhauen - verpissen.

Schlechte Gefühle aushalten = saufen - auch verpissen.

Und der Wunsch nach Tod in meiner jetzigen Situation = verpissen.

Alter, Du gehst immer den leichtesten Weg und merkst dann, dass Du unzufrieden bist, weil Du Dein Ziel zwar erreicht hast, aber alles so halbseiden schwammig.

OK - ich geh da jetzt durch, aber wie soll das gehen? Beschließe für mich, unbedingt lernen zu wollen, es in Zukunft anders zu machen. Dafür darf ich aber kein sabbernder Pflegefall bleiben, also Arsch zusammen kneifen und ran an den Feind, der in diesem Fall, wie so oft in meinem Leben, ich selbst bin.

Die Schwester kommt zu mir und ich presse Mobilisation raus. Sie schaut mich ungläubig an. Ist aber sofort zur Umsetzung bereit. Sie holt Hilfe dabei und als ich auf der Bettkante sitze, versuche ich meinen Kopf nach oben zu strecken, um grade zu sitzen.

„Das machen Sie super". Lob an mich, gutes Gefühl, rührt mich so, dass mir Tränen über die Wangen laufen. „Haben sie Schmerzen?" Nein. Beide schauen mich nachdenklich an und ich stammel „tschuldigung".

„Wofür entschuldigen Sie sich?" Hole so tief ich kann Luft und streng mich beim Sprechen extra an, sage „für alles, für alles". „ Ist schon in Ordnung, das kriegen wir schon gemeinsam in den Griff". Sie setzen mich in den Stuhl und mir tut der Arsch tierisch weh, aber das übergeordnete Ziel darf ich nicht aus den Augen verlieren.

Versuche Körperspannung aufzubauen. Mich grade zu halten. Die Zeit im Stuhl irgendwie rum zu bekommen. Da schreit mein Bauch: sei froh, dass Du überhaupt sitzen und denken und fühlen kannst.

Mein Bauchgefühl wird mir immer unheimlicher. Meine Seele will, dass ich die Qualen genieße - was ist das denn für ein Scheiß? Aber richtig ist das im Grunde, ich kann froh sein. Einfach froh sein, ohne dass an irgendetwas fest machen zu müssen. Eine tiefe Zufriedenheit beginnt sich in mir auszubreiten. Noch besser als ich durch Sedativa oder andere Stoffe empfinden könnte.

Das ist alles nicht echt gewesen, aber das hier, das ist der Nullpunkt, der Punkt, an dem es nicht weiter geht, jedenfalls nicht nach unten. Noch tiefer wäre nur der Tod. Ich beginne zu begreifen und zu fühlen, dass nichts, aber auch gar nichts mich in Zukunft umhauen kann. Sicher, es wird Momente des Zweifels geben, aber was sind Zweifel im Vergleich zu dem hier. Mir wird klar, dass diese Situation im Moment das Beste war, was mir passieren konnte. Und ich hoffe, dass ich stark genug sein werde, diese Aufgaben zu meistern und diese Erkenntnis niemals zu vergessen.

Ich weiß nicht wie lange ich noch da gesessen habe, aber als ich wieder im Bett liege, auf meinem schmerzenden Arm, kann ich vor Erschöpfung recht zufrieden einschlafen.

Normalstation

Verlegung auf die Normalstation, nee, danke nicht mit mir. Doch die Schwester von der Normalstation ist schon auf dem Weg. Kurze Übergabe an meinem Bett und los geht die Fahrt. Im Bett durch die Flure eines Krankenhauses gefahren zu werden, ist echt ne Sache für sich. Guckt man nur nach oben, wird einem von den Deckenlampen kodderig. Guckt man zur Seite, ist es nicht viel besser. „Dann wollen wir Sie mal wieder auf die Beine bekommen". Die Schwester ist lustig. Mit dem mehr an Pflegepersonal auf der Intensiv war es ja schon schwer möglich. Und über die Personaldecke auf Normalstationen brauchen wir an dieser Stelle auch nicht diskutieren. Mein nicht ganz dichter Schließmuskel fällt mir prompt ein. Noch mehr Pflegepersonal, das mich in einer der erniedrigsten Situation, die man sich vorstellen kann, erleben muss. Ich komme auf ein Drei- Bett- Zimmer, zusammen mit einem Polen und einem älteren Herren. Stelle mich beim Reinfahren kurz vor, keine Reaktion. Wünsche mich in mein Intensiveinzelzimmer zurück. Die Schwester geht aus dem Zimmer und ich versuche, mich durch fernsehen abzulenken. Dieser hängt aber am anderen Ende des Zimmers an der Wand und ich muss meine Augen ganz schön anstrengen, um etwas zu erkennen. Die Schwester bringt kurze Zeit später das Mittagessen und ich werde im Bett hoch gesetzt. Kann verdammt noch mal den Löffel nicht halten. Verliere sodann den Spaß und bin einfach nur genervt. Nach dem Essen möchte ein Pfleger mich lagern. Als dieser mich auf die Seite dreht, höre ich nur ein „oh je, dann werd ich mal die Sachen zum Säubern holen". Super Einstand auf der Station.

Noch nicht mal einen halben Tag da, und schon können die mir hier den Arsch sauber machen. Ich merke es aber auch partout nicht, wenn ich muss. Als wir die peinliche Prozedur hinter uns haben, bin ich noch genervter. An dem Nachmittag und am Abend passierte nicht wirklich etwas. Die Mitpatienten auf dem Zimmer guckten dann so bis 22:00h fern und löschten dann das Licht, welches fünf Minuten später von der Nachtwache wieder in Betrieb genommen wurde. Sie stellt sich bei mir vor und meint, wenn was ist, solle ich mich melden. Gegen morgen meint sie dann zu mir, sie hätte auch noch andere Patienten und ich solle doch mal schlafen. Ja wie denn, wenn man so gar nicht müde ist? Weil es auf einer Intensivstation, von der ich gekommen bin, so etwas wie einen „Tag- Nacht- Rhythmus" nicht gibt. Meine Mitpatienten werden mich wohl lynchen, wenn die Situation günstig ist. So oft wie ich geschellt habe und die Schwester zu mir kommen musste. Licht an, Tür auf, der Frühdienst ist da. Oh dann war ich wohl doch noch weggepennt. Der Pfleger wäscht mich unten rum im Bett und zur Oberkörperwaschung und Zähneputzen soll ich an das Waschbecken.

Aufstehen, Transfer auf den Toilettenstuhl und dann an das Waschbecken. Ist der noch zu retten, wie soll das denn gehen? Er besorgt eine zweite Pflegekraft und sie setzen mich, wie immer unter Schmerzen, vor das WB. Viel machen kann ich hier nicht. Krieg nicht mal den Kopf gehoben, um in den Spiegel zu schauen. Und das ist so ein Spiegel, den man kippen kann, damit man auch aus dem Rollstuhl sein leidiges Selbst erblicken kann. Der Pfleger drückt mir eine Zahnbürste in die Hand, mein Gott, hab ich einen Tremor. So haben meine Hände nicht mal im Akut- Entzug gezittert. Bevor die Bürste den Weg in meinen Mund findet, verteile ich die Zahnpasta erstmal auf meinen Lippen und an der Wange. Nach erneutem Versuch gelingt es mir, sie in den Mund zu bekommen und bin von dieser kleinen Aktion schon so geschafft, dass an putzen erstmal gar nicht zu denken ist.

Mir tun die Arme und der Rücken vor Erschöpfung weh. Der Pfleger hat ein Einsehen und hilft mir bei der Morgenversorgung. Strenge mich noch mal kräftig an und will unbedingt in den Spiegel schauen. Habe mich bestimmt schon mehrere Wochen nicht mehr im Spiegel gesehen. Ich hab`s geschafft. Aber was ich da sehe, bin nicht ich. Alleine für diesen Anblick bräuchte ich eine

Therapie. Meine schulterlangen Haare sind um die Hälfte gekürzt. Aufgedunsen bis zum geht nicht mehr. Und die trockene Haut pellt sich von meinem Gesicht. Bloß schnell weggucken. Ist nicht schwer, nur das bisschen Muskelspannung lösen und mein Kinn hängt fast auf dem Brustkorb. Werde wieder ins Bett gelegt. Duze den Pfleger aus Reflex, muss aber feststellen, dass ihm das nicht so behagt. Erfrage sein Befinden und werde ihn von nun an siezen.

Meine Wahrnehmung scheint noch zu funktionieren. Weshalb mir auch der Unmut meines polnischen Bettnachbarn nicht verborgen bleibt. Ich entschuldige mich für die Nacht und hoffe auf Vergebung, mit Angst vor der nächsten nächtlichen Ruhezeit.

Nach dem Frühstück, welches für mich aus der mir mittlerweile lieb gewonnenen Milchsuppe besteht, kommen mein Vater und mein Bruder zu Besuch. Lasse mir mein Handy aktivieren und bitte beide um die Erfragung eines Frisörtermins. Dies wird von meinem Bruder sofort erledigt. Immer wenn ich die beiden so angucke, kommen die Bilder aus dem Traum hoch und ich bin einfach nur froh, dass es ein Traum war. Papa schüttet mir was zu trinken ein und rührt die Maisstärke ein, damit ich meinen übermäßigen Durst stillen kann. Bitte ihn, mir nächstes Mal Saft mitzubringen, der ist von vornherein dickflüssiger und ich möchte dieses Dickungsmittel nicht mehr brauchen müssen.

Nachdem die beiden gegangen sind, nehme ich mein Handy und versuche meine beste Freundin anzurufen. Das gestaltet sich in sofern tückisch, als dass ich das Display kaum erkennen kann. Gut dass die Nummer als Kurzwahl eingespeichert ist. Schlecht dass die linke Hand, in der sich das Handy befindet, immer rauf und runter zuckt und der rechte Zeigefinger nicht so zielgerichtet funktioniert, dass ich die Taste erfolgreich betätigen könnte. Nach reichlich Frust gelingt dieses und ich muss nur noch den Knopf zum Verbindungsaufbau drücken. Da fällt mir das Mobiltelefon aus der Hand. Es kommt neben meinen linken Rippen zum liegen. So und jetzt versuchen Sie mal, etwas, das links auf dieser Höhe liegt mit der linken Hand zu erreichen. Das klappt nicht und mit dem rechten Arm schaff ich es nicht über meinen Thorax zu greifen. Der Pole ist so freundlich und gibt es mir zurück in die Hand. Nach einigen Zielübungen baut das Teil eine Verbindung auf. Meine beste Freundin drückt mich weg. Macht sie immer so und ruft mich dann zurück. Spart mir Telefonkosten. Das ist ja auch ganz nett gemeint, aber in diesem Moment scheiße. Jetzt muss ich in der Zeit des Klingelns es irgendwie fertig bringen, die Rufannahme zu drücken. Beim ersten Versuch schief gegangen. Bitte ruf noch einmal an. Es klingelt wieder und ich kann das Gespräch entgegennehmen. Ich bitte sie, bei einem Besuch auch den Saft mit zu bringen. Wir hatten eine Minute telefoniert, da wird mir mit mal der Arm schwer und ich lasse das Telefon erneut fallen. Wieder brauche ich Hilfe, die ich auch bekomme. Sie sagt mir dann noch, dass sie versucht, am Nachmittag rum zu kommen. Freue mich und wir legen auf. Das heißt, ich bemühe mich gar nicht erst den Knopf zu drücken. Boah war das anstrengend. Vor Erschöpfung bin ich eingepennt.

Als ich wieder erwache, steht eine junge Frau an meinem Bett, die meint, sie wäre eine Physiotherapeutin und wolle jetzt mit mir stehen und gehen üben. Was, diese zierliche Frau alleine? OK, sie wollte es so. Sie hat ja auch Hilfe dabei: Kumpel Rollator. Sie setzt mich auf die Bettkante und mir wird mal wieder prompt schwindelig. Sie meint, ich solle mich anstrengen und mithelfen. Na, wo das endet, kenne ich noch von der Intensiv. Wider Erwarten muss ich beim Aufstehen keinen Kot verlieren und so stehe ich mehr oder weniger aufrecht in ihren Armen vor dem Bett. Was heißt stehen, ich hänge in ihren Armen, meine Knie krieg ich nicht durchgedrückt, mein Rücken kann die Masse nicht stabilisieren und so wackle ich mit dem ganzen Körper hin und her. Nach nur einigen Sekunden in dieser Haltung, fangen meine Beine wie wild an zu zittern und ich verliere die letzte vorhandene Körperspannung.

Sie setzt mich auf die Bettkante und ich kann in ihren Augen lesen, dass ich da einen sehr langen Weg vor mir habe.

„Sie sollten unbedingt in eine früh-neuro Reha".

„Ich glaube der Antrag ist schon raus".

Sie zeigt mir dann noch Übungen, die ich im Bett zur Stärkung der Beinmuskulatur machen soll. Der weitere Tagesverlauf besteht dann anschließend wieder aus Situationen, die in mir die totale Frustration wecken. Dinge, die einem normalerweise ganz einfach von der Hand gehen, sind für mich ein wahrer Kampf (Wasserflasche greifen, umdrehen usw.). Meine beste Freundin hat es an diesem Nachmittag nicht geschafft vorbeizukommen.

Abends: Ich schelle nach der Nachtschwester, weil ich meine Bedarfs Analgetika benötige. Mal wieder irre Rückenschmerzen. Die Schwester kommt rein, sagt Guten Abend, löst die Bremsen meines Bettes und mit den Worten „Ihre Zimmerkollegen müssen auch mal schlafen", werde ich aus dem Zimmer gefahren. Ich bekomme für die Nacht ein zufällig freies Einzelzimmer. Früher hätte mich so ein Verhalten aufgeregt, aber wenn's einem schlecht geht, akzeptiert man so einiges. Sie stellt mein Bett an die Wand und Wasser auf den Nachtschrank. Mit den Worten, ich komme gleich wieder, verlässt sie das Zimmer. Ich habe kein Zeitempfinden, soll heißen, ich kann nicht beurteilen, wie lange sie weg war, aber es fühlt sich an wie eine Stunde. Sie bringt mir meine Schmerztropfen und entschwindet sogleich wieder. In dieser Nacht habe ich noch weniger geschlafen. Um nach der Schwester zu schellen, muss ich mit dem linken Arm über meinen Thorax zur Wand greifen, da für die Schelle kein Kabel installiert ist. Sobald ich allerdings den Arm anhebe und ihn über meinen Körper führen will, komme ich nur ca. 20 cm weit, dann schmerzt meine Frakturstelle so sehr, dass ich den Arm nur fallen lassen kann und das schmerzt auch heftig.

Am nächsten Morgen werde ich wieder in mein normales Zimmer gefahren. Der Pfleger meint, ich solle heute mal duschen, das wäre nötig. Unter Murren stimme ich zu. Bin hundemüde und jetzt diese Anstrengung. Bevor das losgehen kann, kommt er aber mit einer leeren 20ml Spritze an mein Bett. Ich weiß genau, was jetzt kommt und ich hab da keinen Bock drauf. Er möchte mir bestimmt meinen Katheter ziehen. Das wird wohl unangenehm, aber nicht schmerzhaft. Nach meiner Magenoperation hatte ich auch so einen Harnröhrenschlauch in mir und nachdem die den entfernt hatten, hatte ich zwei Tage das Gefühl, ich pinkle rostige Rasierklingen.

„So, Ihren Katheter werden Sie jetzt los. Stört es Sie, wenn ich der Schülerin zeige, wie man den entfernt?"

„Nein, machen Sie mal ruhig". Natürlich macht es einem was aus, wenn eine Schülerin dabei zuguckt, aber man will ja der Ausbildung nicht hinderlich sein und außerdem liege ich ja auch in einem Lehrkrankenhaus. Ich weiß ja auch, dass es in der Regel für die Schüler genauso unangenehm ist. Decke weg, Netzhose runter. Der Pfleger entblockt den Ballon des Katheters mit der Spritze. Mit einem Zug ist er entfernt. Ich sag ja unangenehm. In mir macht sich wider besseren Wissens der Gedanke breit, jetzt nebst Stuhl auch noch Harn inkontinent zu sein.

„Die Schülerin fährt dann mit Ihnen gleich in die Dusche."

OK, die Prüfungen nehmen kein Ende, aber ich werde dies alles durchstehen.

Hoffe ich.

Gemeinsam setzen sie mich auf einen Toilettenstuhl, und die Schülerin fährt mich über den Flur in die Dusche. Das ist schon so anstrengend und Kräfte zehrend, dass ich nur noch wie ein Häufchen Elend auf dem Stuhl sitze und mit der rechten Hand in die Armlehne kralle, um nicht runter zu rutschen. Da ich keine Kraft habe um mich zu waschen, muss das die Schülerin machen. Meine Güte, was hat die den anderen bloß getan, dass sie diese Arbeit erledigen muss. Ich fühle mich wie das größte Elend auf der

Welt und sie muss mich ertragen. Sie ist sehr vorsichtig mit mir, aber was sie nicht beeinflussen kann, ist, dass sich das Wasser auf meinem Körper anfühlt wie Millionen Nadelstiche. Meine Haut fühlt sich am ganzen Körper an wie die Betäubung beim Zahnarzt. Und auch wenn ich sehe, dass es ein Frottee-Waschlappen ist ,so fühlt der sich immer noch an wie Schmirgelpapier. Das Wasser wechselt ständig die Temperatur von eisig zu heiß. Denke nicht, dass es an den Leitungen liegt sondern an meinem tauben Körper. Es juckt mich am Oberschenkel, ich kratze darüber und schwupp eine leichte Blutungsquelle eröffnet sich. Ich schaue auf meine Finger und oh graus, wie sehen denn meine Fingernägel aus? Das sind ja Schaufeln. Wie sehen dann erst meine Fußnägel aus? Um mir diese Frage zu beantworten, lehne ich mich etwas vor, was zur Folge hat, dass ich unkontrolliert nach vorne kippe und mit einem Schups der Schülerin am Rauskippen gehindert werde. Meine Körperkoordination haben die echt vergessen zu wecken. Ob das wohl jemals besser wird? Nach dem Abtrocknen T-Shirt ,Vorlage und Netzhose anziehen. Dafür muss ich mich kurz an einer Haltestange festhalten und hinstellen. Werde aufs Zimmer zurück gefahren und mit Hilfe des Pflegers wieder in mein Bett gelegt. 7,5 Stunden arbeiten wären, glaub ich, genauso anstrengend wie diese Duschaktion. Kaum wieder im Bett, meldet sich meine Blase und ich müsste mal pinkeln. Mir wird eine Urinflasche gebracht und ich darf im Bett in die Pulle pinkeln. Unangenehm ist das. Vor allem, weil nun die Tante mit dem Frühstück ins Zimmer kommt. Jetzt ist das ja auch so eine Sache mit dem Gefühl des Wasser lassen müssen nach Katheter ex. Ich hab das Gefühl ich muss, muss aber gar nicht. Ich beschließe, die Urinpulle neben mich ins Bett zu legen und den Blasenschließmuskel anzustrengen. Also die nötigen Muskeln angespannt und auf die Bettkante helfen lassen, zur Nahrungsaufnahme. Meine Milchsuppe wird von der Küche zu jeder Mahlzeit etwas mehr angedickt. Trotzdem durch die morgendliche Anstrengung bin ich so erschöpft, dass die Ataxien in den Händen ein unfallfreies Nahrungsaufnahmevergnügen unmöglich machen. Das meiste vom Löffel landet auf meinem verrutschten Mundtuch (Schlabberlatz). Die Anspannung der für den erfolgreichen Verschluss der Harnröhre zuständigen Muskelgruppen hält auch nicht mehr, und ich musste doch pinkeln, was sich jetzt als warme Pfütze zwischen meinen Beinen bemerkbar macht. Um mir nicht voll die Blöße vor den Zimmerkollegen zu geben, werde ich bis nach dem Frühstück warten, bis ich nach dem Pfleger schelle.

Schamkapitulation. Ich denke Kapitulation ist für mich das Wort des Jahres. Vorm Alkohhol kapituliert, vorm Leben kapituliert. Am Nullpunkt halt, nur ab da kann es wieder aufwärts gehen. Das wusste Tyler Durden schon. (Brad Pitt in Fightclub)

Und die Kapitulation vor meinen Zimmerhoschies, die aus ihrer Abneigung mir gegenüber nun gar keinen Hehl mehr machen.

Die nächsten Tage verbringe ich in Stationsroutine, was zur Folge hat, dass ich mich hier irgendwie vernachlässigt fühle. Ja, auf der Intensivstation fühlt man sich doch trotz der ganzen Scheiße besser betreut. Da ist eine Bezugspflege.

An einem Sonntag krieg ich Besuch von meiner besten Freundin. Ich kann mittlerweile gut im Rollstuhl sitzen und bitte sie einen zu besorgen, ich müsste mal vor die Tür.

„Du willst doch wohl nicht rauchen".

Doch das will ich und zwar jetzt. Wie hat schon mein alter Unfallchirurgischer Professor gesagt. Raucher spielen mit ihrem Leben, sind aber die am schnellsten mobilisierten Patienten. Wer rauchen will, ist halt schnell wieder auf den Beinen. Sie besorgt den Rollstuhl. Sagt, ich müsse aber schon alleine rüber steigen. Nehme allen Mut und Kraft zusammen und schwupps, geht doch, ich sitze im selbst transferiertem Rollstuhl.

Werde vor den Haupteingang geschoben. Tabak und Blättchen raus und irgendwie beschleicht mich das Gefühl, ich lebe. Was wohl weniger mit dem Nikotin lastigem Rauchwerk zu tun hat, als vielmehr mit der Tatsache, dass ich friere. Frieren = Leben. Klingt komisch, ist aber so. Bin so dermaßen am Zittern, dass die ersten Blättchen im Grunde gar keine Chance hatten heile zu bleiben. Wobei die Kälte wohl weniger was mit der Zitterei zu tun hat. Meine beste Freundin kann das nicht mit ansehen und holt mir auf meine Bitte ein Päckchen Filterkippen. Wiederherstellungsmedizinisch kann da ja auch erstmal keiner was gegen haben.

Kippe halten, anzünden, dran ziehen, alles Sachen, die mir verloren gegangen sind und ich durch diese morbide Tätigkeit wieder verifizieren kann. Erster Zug, boah, es sollte wirklich jemand den Leuten im Krankenhaus sagen, dass sich das Gebäude arg neigt. Mir ist so schwindelig. Aber die Ausreden fluppen wieder. Im Anschluss Härtetest, Kaffee trinken im Cafe. Bitte bei der Bestellung um zwei Handvoll Servietten. Man weiß ja nie. Klappt auch fast Unfall frei. Fast. Ist mir das peinlich. Nein. Verdammt warum auch.

Wieder auf dem Zimmer erstmal pennen, aber lange oder vielleicht besser nicht, dann bin ich abends wieder so wach. Setz mich auf die Bettkante, um irgendwie wach zu bleiben. Brauche abends auch nicht aus dem Zimmer. Nicht weil ich auf einmal so gut zu ertragen bin sondern weil die keinen Zusatzplatz mehr für mich haben. Mit den Worten „reiß Dich mal zusammen wir wollen pennen" in meinen Ohren, geht's in die Nacht und oh Wunder ich kann schlafen, gut mit Schlaf fördernden pharmazeutischen Erzeugnissen, aber alle hatten Ruhe. Mit dem Rauchen hab ich mir nicht wirklich einen Gefallen getan. Weniger wegen meiner Pneus sondern weil der Pfleger am nächsten Morgen meint, wer aus dem Bett kommt zum Rauchen, kann sich auch alleine auf den Toilettenstuhl setzen. Und Recht hat er.

Wasch mich am Waschbecken selbst. Rasieren klappt auch schon fast. Bis auf die Tatsache, dass ich nicht wie andere den

Rasierer mit der Hand führe sondern das Gesicht am Rasierer lang. Sieht bestimmt lustig aus. Nach dem Frühstück bitte ich um die Entsendung des Zivis, um mich nach unten zu fahren. In dem Moment kommt die Frau von der Physio ins Zimmer und fragt, wofür ich denn wohl den Zivi bräuchte. Kurz erklärt, aber herb niedergeschmettert wird mein Vorschlag. Nicht weil Rauchen ungesund ist sondern weil man jetzt ein Druckmittel gegen den, sich bis dahin augenscheinlich hängen gelassenen, Trinker hat.

„Wenn sie mit dem Rollator bis zu den Rollstühlen laufen, können sie mit einem der Selbstfahrer zum Rauchen juckeln." Cool, wie in der Tierdressur - wo ist die Kippe, wo ist die Kippe? Feiner Patient ganz fein. OK, hohl ran den Rentnerbegleiter. Der Rollator kommt und ich stehe so wackelig auf den Beinen, dass ich glaube, meine nächste Kippe rauch ich 2012. So meine lieben Beine, ein Fuß vor den nächsten. Klappt mehr schlecht als recht, aber ich bin „on theroad". Das Kind läuft. Als ich an den Rollstühlen ankomme, bin ich so platt, dass ich jetzt gut mein Bett und ein Sauerstoffzelt an dieser Stelle gebrauchen könnte. Setzen sie sich mal in einen. Ja denkste, wenn ich schon selber mit einem dieser Gefährte fahren soll, dann wenigsten mit dem, der am leichtesten zu rollen ist. Luftdruck prüfen. Ah, der für Adipöse extrabreite ist wie für mich gemacht. Roll on. Wie so oft hab ich mich mal wieder überschätzt. Der Weg bis zum Haupteingang ist mit der Armkraft, die ich im Moment habe, megaweit. OK, Pausen eingeplant, ich hab ja Zeit. Für sonne Kippe ¾ des Vormittags rumgebracht, Beschäftigungstherapie auch erledigt.

Der Logopäde steht nachmittags an meinem Bett und faselt was von „heut könnte ich ja mal ein richtiges Brot essen." Ja denk ich, wenn ich mich ersticken will, kann ich das wohl machen. Aber ersticken war doof. Naja, ich kann nicht umhin als zuzugeben, dass ich auch gegen den Milchbrei gewettert habe und der mir vorkam wie die kulinarische Offenbarung des Jahres. Glück-Definition über Nahrung. Ja, da kenn ich was von. Der Logopäde zaubert ein Schinkenbrot hervor. Schinken ist klar, der ist ja auch das einfachste was man kauen kann. Er erklärt mir, dass, wenn das jetzt klappt, ich alles wieder essen und trinken darf. Außer Alkohol natürlich. Ach was, da wäre ich jetzt mal nicht selbst drauf gekommen. Aber da er das anspricht. Im Krankenhaus-Kiosk, meint er, würde es Bier geben. Ja kann ja ruhig, hab ich aber voll keinen Bock drauf. Und der geht noch weiter, wie schön das perlt. Ich sag „hallo Dittsche" und erwidere, dass wenn er Durst während der Arbeit hat, er sich Gedanken machen solle. Wir lachen, aber das sollten wirklich alle machen, zu welchen Zeiten sie auch immer Bock auf Alkohol haben.

So, nun mal von dem Brot abgebissen. Geschmacksexplosion im Mund. Das Brot kann mir gestohlen bleiben, mehr Schinken. Wider Erwarten klappt es super, den zu essen. Wenn man das erste Mal ohne Stützräder Fahrrad fährt, wird man üblicherweise festgehalten, aber was ist, wenn man dann losgelassen wird? Mein Schlucktherapeut verlässt auf diese Frage das Zimmer und siehe da - es klappt. Kommt kurze Zeit später wieder und meint, er hätte mal fix mein püriertes Essen in Vollkost umgewandelt. Super. Feste Nahrung hält sich vielleicht auch besser auf dem Esswerkzeug.

So ist es dann auch. Ich nehme wenigstens essenstechnisch wieder am Leben der Großen teil.

„Am 14.10. geht's in die frühneuro Reha", trällert mir die Sozialarbeitstante entgegen, als sie mich nach gelungenem Mittagessen aufsucht. Zu Hause Bescheid gesagt und darum gebeten, mir noch Kleidung zu besorgen, weil ich nicht weiß, welche Sachen aus meiner Säuferkemenate noch zu gebrauchen sind.

Und schon wieder einmal muss meine beste Freundin in eine von mir verwahrloste Wohnung, um eine Bestandsaufnahme des menschlichen Verfalls zu dokumentieren. Meine Mutter kündigt in einem Telefonat ihren Besuch bei mir an. OK, dann geht das jetzt wohl mit den Vorwürfen los, war ja auch nur eine Frage der Zeit, bis das passiert. Sie bringt dann auch gleich ihre Mutter mit. Ich möchte nicht, dass die mich hier so sehen, aber als stark eingeschränkter Mensch hat man da nicht so die Entscheidungsgewalt. Etwas von meiner Kleidung ist dann doch wohl noch zu benutzen, aber man hat entschieden, einiges neu zu besorgen. Neues Leben, neue Kleidung. Der Besuch meiner Mutter und meiner Oma ist irgendwie surreal. Ich warte auf den Anschiss meines Lebens und sie versuchen, so gefasst wie möglich zu wirken. Gutes Gespräch im Grunde, mit das beste, was wir jemals geführt haben. Das lässt tief blicken.

Im weiteren Verlauf der Rekonvaleszenz gelingt es mir immer besser, rechtzeitig das Klo aufzusuchen. Das hat zur Folge, dass ich die Inkontinenzeinlage entzogen bekomme. Wieder ein Stück Sicherheit, was man mir nicht gönnt. Ist ja richtig, aber ich muss mich da mal erst langsam dran gewöhnen. Langsam kennen die hier nicht. 34jähriger Patient braucht so was nicht. Schon wieder haben sie Recht.

Kurz vor meiner Verlegung kriegt die Physiotherapeutin den Triller, dass der Patient schon mal ein paar Stufen gestiegen sein sollte. Ja ist auch besser, wenn die Physio im guten Licht dasteht.

Das ist im Übrigen die wichtigste Abteilung in einem Krankenhaus. Eine maßlose Selbstüberschätzung. Stehe wie Ochs vorm Berg, wie ein halb toter Patient vor einer Treppe. Rauf geht, runter muss man lange im Einbeinstand zubringen. Und mit meinem defekten linken Arm, dem das Rollstuhl fahren auch nicht wirklich zuträglich war, ist sicherer Halt kaum zu realisieren. Aber im Anschluss an die Übung bin ich der König von acht Stufen. Ja der Arm, der sollte noch mal radiologisch gecheckt werden. Ein Tag vor der Verlegung. Timing ist super. Ein kleines bisschen mehr auf die dauernden Wunschäußerungen der Patienten verwandt und man ist noch ein bisschen mehr Halbgott in weiß. Nach dem Beschuss durch Röntgenstrahlen befasse ich mich damit, dass mir gesagt wurde, ich könnte mal so mit mindestens sechs Monaten

Reha rechnen. Irgendwie will das in meinem Kopf nicht so ankommen. Und wenn es dann mal klappen sollte, zehn Jahre saufen gegen sechs Monate Reha - es läuft echt gut bis jetzt. Die Fahrer des Fuhrunternehmens, die mich in die Reha kutschen sollen, sind nette Jungs. Mir wird gesagt, dass wir noch einen anderen Patienten aus einer anderen Stadt abholen müssen und mir die Möglichkeit des Rauchens offeriert. Das ist doch mal patientenorientierte Versorgung. Bei dem anderen Patienten angekommen, werde ich sogleich aus dem Vehikel gehoben und kann rauchen. Der Patient, den wir abholen, gibt mir einen Eindruck von den Mitpatienten, die mich erwarten werden. Aber viel schlimmer ist, er ist leider in dem Zustand, in dem ich mich jetzt bei negativer Entwicklung meiner Erkrankung auch befinden könnte. Er liegt im Wachkoma. Hatte einen krassen Unfall, und ich komm nicht umher, für meinen guten Zustand dankbar zu sein.

Reha

„Wir hatten Sie als Liegendtransport erwartet. Ich bin hier die Hausdame. Das ist ja prima, dass es Ihnen schon so gut geht."

Bin erschöpft, will nur auf mein Zimmer und erst mal ein bisschen Ruhe haben. Wie nicht anders zu erwarten, ist es ein Doppelzimmer. Mein Mitpatient über 70 Jahre alt, Schlaganfall, aber kaum Lähmungserscheinungen. Super, die Reha fängt grandios an. Die netten Transportfahrer helfen mir noch vom Rollstuhl aufs Bett und da lieg ich nu erst mal dumm rum.

„Kommen Sie mal mit zum Speisesaal."

Super, die erste Mitarbeiterin, die sich mal nach einer halben Ewigkeit blicken lässt und die hat eine Laune wie ein cholerischer Chefarzt. Genau das brauche ich jetzt.

„Ich habe weder Rollstuhl noch Rollator, ohne eins der beiden geht das nicht".

„Dann bring ich Ihnen das Essen eben hierhin".

„Danke schön".

Boah, was hätten die gemacht, wenn ich wirklich eine Liegendaufnahme gewesen wäre. Lecker, es gibt kalte Königsberger Klopse und kalten Reis, dafür warme Apfelsaftschorle.

„Was sind denn das hier für Medikamente?".

„Weiß ich jetzt auch nicht, aber die müssen Sie einnehmen !!".

„Entschuldigung dass ich gefragt habe, aber Pillen, die ich nicht kenne, nehme ich nicht".

„Dann sag ich das dem Arzt".

„Bitte tun Sie das bitte". Vielleicht fällt dem ja ihre Inkompetenz auf.

Nach dem Essen ist dann Aufnahmeuntersuchung. Der Dienst habende Oberarzt und Stationsarzt kommen zu mir.

„Ja, da stand es ja dann wohl ganz schön schlecht um Sie. Wir wollen mal sehen, dass es hier noch besser wird und Sie dann wieder ans Arbeiten kommen!"

Witzbold, na ja, ist eine Rehaklinik und die sind vom Kostenträger drauf getrimmt, die Leute wieder an die Maloche zu kriegen. Der Kostenträger ist ja hier meist die Rentenversicherung. Also bei mir die Rentenversicherung Bund (früher BfA). Warum ich dann wohl kein Einzelzimmer bekommen habe? Denk ich und frag auch nach.

„Ihr Kostenträger ist im Moment die Krankenkasse, weil wir ja gar nicht wissen, ob Sie je wieder richtig fit und ans Arbeiten kommen werden".

„Wie weit können sie denn so laufen?"

„Mit Rollator und größter Anstrengung so 10 Meter. Im Rollstuhl komm ich ja weiter, aber das Fahren macht mir Schmerzen im linken Arm. Der war im Juni erst gebrochen, aber durch das Saufen hab ich den ja nie richtig behandeln lassen. Die im Krankenhaus haben den wohl noch geröntgt, aber die Auswertung habe ich noch nicht. Die erste Einschätzung des Radiologen besagt, dass der Knochen wohl gut voreinander steht, aber die Bruchstelle noch nicht ganz durchverknöchert ist. Da sollte auf jeden Fall ein Orthopäde noch draufschauen und zum Augenarzt müsste ich auch, ich habe eine sehr starke Blendungsempfindlichkeit."

„Wir werden das mal dann so in die Wege leiten".

„Ich hätte dann auch wohl gerne noch mal eine Kontrollsono meines Pankreas."

„Ich kümmere mich darum. Brauchen Sie sonst noch Hilfe?"

„Obenrum komm ich schon klar, nur bei Hose, Schuhe und Socken brauch ich Hilfe".

„Pfleger haben Sie das mitbekommen?"

„Ja".

„Ich bräuchte dann auch einen Duschstuhl".

„Ich besorge Ihnen einen".

Als ich dann so vier Stunden auf ein erneutes Erscheinen einer Pflegekraft gewartet hatte, kam jemand, um meinem Zimmernachbarn Zucker zu messen. Der sich im Übrigen als äußerst sympathisch darstellte. Auf meine Frage, wann ich mal eine rauchen könnte, sagte man mir, die Schwester müsse mich noch aufnehmen, so mit Anamnese und so. Gut, ich war schon sieben Stunden in dem Haus, aber das muss man ja auch verstehen: so eine Neuaufnahme stört ja auch den ganzen Tagesablauf. Bin dann auf eigene Kappe, mit dem mir mittlerweile zugeteiltem Rollstuhl, auf den Weg ins Raucherwallhalla – Gott sei Dank, von einem Raucherkollegen aufgegriffen und an den Ort der Rauchopferung gebracht worden.

So kurz vor Feierabend der Pflegekräfte ist dann doch noch jemandem aufgefallen, dass man über mich noch keine Anamnese erstellt hatte und meine Koffer noch zu waren. Dies wurde dann auch in acht Minuten erledigt, wobei man dem Patienten auch nicht zuhören sollte, der könnte was sagen, was mit pflegerischer Tätigkeit zu tun haben könnte.

Am nächsten Morgen nach durchsägter Nacht (Der Zimmernachbar hat in allen Lagen und Positionen geschnarcht, das geht auf keine Kuhhaut) habe ich nach dem Schellen so ca. 30 Min. gewartet, bis ich mich dann selber so zurecht gepröddelt habe. Was bedeutet, dass ich auf der Bettkante sitzend versuche, meine Socken anzuziehen. Spanne das Bündchen von den Socken zwischen meine Daumen, halt wie man das so macht und beuge mich nach vorne, Richtung meines Fußes. Dumm nur, dass man ohne die nötige Muskelkraft mal ganz fix vorn überkippen kann. Vor diesem Punkt kann ich gerade noch so bremsen. Rutsche mit dem Hintern weiter zurück auf die Matratze und starte einen neuen Versuch. Jetzt ist die Gefahr des Überkippens minimiert, aber ich komme nur bis knapp unter die Kniescheibe, als mich ein Dehnungsschmerz durchfährt. Richte mich auf und versuche dem Schmerz durch ganz gerades Aufrichten entgegen zu wirken. So, das klappt so also nicht. Junge, das muss doch irgendwie gehen. Vielleicht wenn ich mich auf den Stuhl setze, der zwei Meter von meinem Bett weg steht. Also am Rollstuhl, der direkt vor mir steht festgehalten und dann mit wackeligen Knien zum Stuhl. Ich sitze im Stuhl. Mann, bin ich fertig und japse mal wieder wie ein heiserer Köter. Jetzt klappt das mit dem Vorbeugen besser. Nach nur zehn Minuten hab ich meine Socken an. Dehnungsschmerz aushaltend muss doch auch die Hose über die Füße gehen. Klappt auch. Jetzt Füße in die mit den Beinen geangelten Schuhe. Schleife ist schon vormontiert, aber ich komm mit dem Finger nicht an die Ferse, um reinzurutschen.

Das ist doch mal ganz neuer Ansatz, Reha und Förderung der Selbstständigkeit durch unterlassen. Aber nach Aussage des Chefarztes der Neurologie und der Intensiv im KH, eine der besten Kliniken auf diesem Gebiet. Ja gut, da hat die Pflege ja nix mit zu tun.

Die Tür geht auf, ein Pfleger betritt das Zimmer. Super, kommt der auch schon? Ja, aber nicht zu mir sondern bei dem Kollegen Zucker zu messen.

„Könnten Sie mir wohl grad mal helfen?"

„Brauchen Sie etwa Hilfe?"

„Ja, ich hab ja auch schon vor einer dreiviertel Stunde geschellt. Außerdem waren Sie doch gestern beim Aufnahmegespräch mit dem Oberarzt dabei. Da sagte ich doch wohl so was wie ich brauche Hilfe bei allem was über oder an die Füße gehen muss."

Er hilft mir in die Schuhe, hilft mir dann noch in den Rollstuhl und ich fahre ins Bad, mich waschen. Angezogen fahre ich dann zum Frühstück.

Nach dem Frühstück ist Oberarztvisite. Steht in meinem Therapieplan, den ich auf meinem Bett gefunden habe. Oberarzt kommt rein (anderer als gestern) hat den Pfleger von morgens dabei und fragt nach mir. Der Pfleger sagt, dass ich gestern Neuaufnahme war und dass ich mich komplett alleine versorgen würde. Soviel zu „ ich kenne meine Patienten". Soll jetzt am Rollstuhl festhaltend ein paar Schritte gehen. Der Oberarzt guckt auf meine Beine, sagt „wieder zurück, vier Wochen Verlängerung". Bin sehr erstaunt, wie man anhand von drei Schritten so eine Entscheidung fällen kann, ohne auch nur ein Wort mit mir zu sprechen. Zack, beide wieder weg. Wenig Haare auf dem Kopf, aber immer einen lockeren Spruch, so stellt sich der vom Rolldienst vor. Die vom Rolldienst fahren die Rollstuhlfahrer zu den Anwendungen.

„Sie müssen zum EKG. Ich fahre Sie da mal hin". Lange Wartezeit. Das Arbeiten haben die hier echt nicht erfunden. Naja, bin froh, dass ich überhaupt hier sein und mich aufregen kann. Stunde warten, fünf Minuten im EKG – Raum, mit frei machen und anziehen, jeder kennt so etwas. Nach dem EKG erstmal eine rauchen. Das ist hier in der Klinik ein Lichtblick. In den Raucherpavillion zu rollen und die rauchenden Mitpatienten zu erleben. Die kochen Kaffee zu bestimmten Zeiten und treffen sich dann, um dem Moloch der eigenen Erkrankung durch Schabernack und Witz zu entfliehen.

Hier ist wirklich heftigstes Programm vertreten. Von Facialisparese nach Tumor-Op. bis zu Multiple Sklerose im jungen Alter. Und mit zu erleben, dass alle diese schwer erkrankten Menschen die eine Sache nicht verloren haben, die so wichtig fürs

Leben ist, nämlich Humor, ist gigantisch. Ich wurde natürlich auch gefragt, weswegen ich hier bin und warum ich im Rollstuhl sitze. Die direkte Antwort und mein offener Umgang mit meiner Grunderkrankung, haben hier dann doch einige vor den Kopf gestoßen. Kommt wohl auch in deren Umfeld nicht so häufig vor, dass jemand mit seiner Alkoholkrankheit so offen umgeht. Die sehen das hier jedenfalls alle ganz locker. Und mir gefällt das, da jetzt auch nicht sofort drauf rum geritten wird sondern wir einfach weiter Spökenkram machen.

Erste Tage in einer Einrichtung sind eh schwer genug, aber die helfen mir hier echt super, mich einzufinden. Eine der Raucherinnen sitzt auch bei mir am Tisch im Speisesaal, das ist auch von Vorteil, dann hat man immer ein Gesprächsthema. Sie ist knapp 40 und hat MS. Hartes Brot, aber sie kommt da auch gut und offensiv mit klar. Frage, ob einer die Physiotherapeutin kennt, die mich nach dem Mittagessen zur Behandlung holen möchte, aber die ist hier nicht bekannt. So, ab zum Mittagessen. Im Speisesaal soll es warmes Essen geben, hat man mir gesagt, als ich von dem kalten Essen vom Vortag berichtete. Fahre Richtung Speisesaal und da ist wieder diese Tür, durch die ich ins Haus muss. „Der Raucherpavillion ist barrierefrei zu erreichen" stand auf dem Schild im Flur. Das stimmt auch soweit, die Tür öffnet automatisch- gut gepflasterter Weg. Wie gesagt, hin ist kein Ding. Bloß auf dem Rückweg ins Haus ist da so eine bescheuerte Kante an der Tür, über die kommt man wohl nur, wenn man gehen oder wenn man mit Schwung den Rollstuhl bewegen kann. Habe für Schwung keine Kraft, bleibe also an der Kante hängen und der Bewegungsmelder erkennt mich nicht mehr, da ich ja schon in der Tür stehe und die Tür geht zu. Trifft meinen Rollstuhl, geht durch den Fehlkontakt wieder auf. Und ein lustiger, recht lauter Türtanz beginnt. Auge, so nenn ich hier mal den Kollegen mit der Facialisparese(Gesichtslähmung), kommt und schiebt mich ins Haus. Diese Hilflosigkeit macht mich langsam aber sicher fertig. Beim Essen stellen sich dann auch zwei weitere Mitesser an meinem Tisch vor. Er hat augenscheinlich Parkinson und sie hatte wohl einen Schlaganfall erlitten ohne größere Lähmungserscheinungen. Der mit dem Parkinson ist echt ein lustiger Vogel. Reißt einen Scherz nach dem anderen und das Essen ist echt warm.

Nach erneutem Rauchen und Kampf mit der Tür, begebe ich mich aufs Zimmer, um der Physiotherapie zu harren, die auf mich zukommt.

Die Physiotherpeutin ist noch recht jung, macht aber einen guten Eindruck. Sie fährt mit mir in den Behandlungsraum und ich muss aufstehen. Ist ja immer noch bischen tricky, wenn ich stehen soll, aber Physios kennen da nix. Klappt ja auch schon besser als ganz am Anfang. Berichte ihr über meinen linken Arm. Sie verspricht strenge Milde walten zu lassen.

„Stellen Sie mal beide Füße dicht zusammen".

Tue wie mir aufgetragen und schon lieg ich in ihren Armen. Gleichgewicht kennt mein Körper so gar nicht mehr. Nix nadada null komma null. Ob ich schon am Rollator gelaufen sei. „Ja" ist meine Antwort, so ca. 15 Meter.

„Ich besorge Ihnen dann sofort einen, mit dem üben Sie dann bitte regelmäßig".

Geht weg und kommt fünf Minuten später mit einem Teil wieder. Aha, bei den Therapeuten fluppt hier also alles um einiges besser. Das ist ja dann schon mal Licht am Ende des Tunnels. Mit dem Rollator fest im Griff gehe ich dann mit ihr zu einer Treppe. Sie möchte sehen, wie ich Treppen steigen kann. Durch die Übung im Krankenhaus weiß ich, rauf besser als runter. Teile ihr das auch so mit.

„Dann erstmal nach unten".

Super, zeig` einem Physio niemals deine Schwäche er/sie wird sie fordern.

Das Treppensteigen hat gut funktioniert und wir laufen noch bis in die Physioabteilung.

Hier werde ich vor einen Bewegungstrainer gesetzt. Ist wie ein Ergometer, nur dass man nicht drauf sondern davor sitzt. Also auch was für Rollstuhlfahrer. Die Füße in die Pedale gespannt und losgetreten. Das Display zeigt uns genau, mit welchem Bein ich mehr Kraft aufwende. „Gucken Sie mal, dass es so bei jeweils 50 Prozent liegt". Ja, das wäre schön, aber wenn so was von Anfang an klappen würde, bräuchte man ja keine Reha. 15 Minuten in dem Teil und ich glaube, mir fallen die Unterschenkel ab. Während ich so geradelt bin, hat sie meinen Rollstuhl geholt und fährt mich wieder aufs Zimmer.

„Ich bringe Ihnen gleich Ihren eigenen Rollator".

Zack, sie ist echt schnell wieder da.

Später habe ich noch das Ergo- Erstgespräch. Werde vom Rolldienst in die Abteilung gefahren. Eine sehr nette Ergotherapeutin, mit Schülerin im Schlepptau, nimmt mich in Empfang.

„Warum sind Sie bei uns?" verkneife mir den Spruch, sie solle vor dem Kontakt mit dem Patienten die Akte lesen. Erzähle kurz und prägnant, was mir widerfahren ist und der Schülerin ist anzumerken, dass meine große Offenheit bei ihr nicht auf Verständnis stößt. Aber warum soll man die Realität beschönigen? Wie die Beschwerden aussehen, will sie wissen. Nöle kurz übers Essen (lachen), beschreibe und zeige dann die Ataxien in den Händen.

„Wie klappt es denn mit der Feinmotorik?" „Jo, ich dreh meine Kippen selber und die Marmeladenpäckchen krieg ich auch auf."

„Dann brauchen Sie nicht in die vorgesehene Feinmotorikgruppe. Kommen Sie mal zum Korbflechten! Morgen geht's los."

Ja gut, dann lerne ich eben Korbflechten. Hauptsache ich bekomme hier die Zeit rum. Ja, das mit der Zeit ist hier sonne Sache. Davon hat man hier zu viel. Nachdem ich wieder vom Rolldienst auf das Zimmer gebracht worden war, wurde es natürlich Zeit zum Rauchen. Stellt sich nur die spannende Frage, Rollstuhl oder Rollator? Ich entscheide mich für den Rollator, auch wenn ich ein bischen Schiss habe. Aber der linke Arm tut einfach zu weh beim Fortbewegen mit dem Rollstuhl. Wuchte mich aus dem Rollstuhl und stelle mich mit wackeligen Beinen an den Rollator. Jetzt mal ehrlich, was soll mir passieren? Mehr als hinfallen geht ja wohl nicht. Vorsichtig setze ich einen Fuß vor den anderen und siehe da, es klappt. Leidlich, aber es klappt. Als ich vor der Zimmertür stehe und diese nach innen geöffnet werden will, mache ich das als Haken an der Situation aus. Eine Hand muss den sicheren Halt lösen und zur Klinke greifen also vorbeugen. Ich greife die Klinke, drücke sie runter und muss dann einen Schritt zurück machen. Und noch einen und noch einen. Die Tür ist auf und ich kann durchgehen. Tür schließen ist genau so ein Akt. Aber ich gewinne Vertrauen in meine Standfestigkeit. Als ich den Flur entlang blicke, muss ich festellen, dass der doppelt so lang aussieht wie aus der Rollstuhl- Perspektive. 40 Meter hat der bestimmt. Also los. Am Ende des Flures, kurz vor den Aufzügen, ist ein Sofa, das ich auch sofort in Anspruch nehmen muss, da meine Beine echt fertig sind und ich nach Luft japse wie ein Fisch an Land. Aber ich schaffe das heute noch zu den Rauchergärten. Nachdem ich wieder recht normal atme, setze ich meinen Weg fort und tatsächlich schaffe ich es zum Pavillion. Die hier anwesenden Nikotingeschwister freuen sich über meine „Auferstehung". „Du bist ja recht groß". „Ja, so groß, dass ich von hier oben Höhenangst bekomme".

Es wird wieder einmal eine launige Runde. Beim Blick auf die Uhr stelle ich fest, dass es gleich Abendbrot gibt und sollte ich den Rollator gegen den Rollstuhl tauschen wollen, würde ich hungrig zu Bett müssen. Also ins Buffet-Gewühle mit Rollator und unsicherem Gang.

Die Servicekraft im Speiseraum guckt verdutzt, als ich so vor ihr stehe und muss erstmal einen Stuhl für meinen Platz besorgen. Als ich sitze, ist sie aber auch bereit, mir meine Nahrung aus den Futtertrögen an den Platz zu bringen. Diesen Kampf am Buffet kann man ohne sicheren Stand nicht durchstehen und wartet man den ersten Ansturm ab, braucht man auch gar nicht hingehen. Fördert im Nachgang aber das Durchsetzungsvermögen.

Anmerkung: Die Pflege in Rehaeinrichtungen soll für ein gesundheitsfsförderndes Umfeld des Erkrankten sorgen und nicht um die Förderung der schwarzen Zahlen bei Anteilseignern, die glauben, mit wenig Personal ihren Gewinn ins Unermessliche steigern zu müssen, aber dazu später mehr.

Kein Suchttherapeut

Aufgrund des Komas war es dann auch nötig, meine kognitiven Fähigkeiten von einem Neuropsychologen einschätzen zu lassen.

Der zuständige Psychologe teilte mir dann in der ersten Stunde auch sofort mit, dass er kein ausgewiesener Suchttherapeut ist und meine Fähigkeiten hier an erster Stelle stehen sollten und wir uns dann an die Traumabewältigung machen sollten. Wau, jemand der von sich aus mit mir arbeiten möchte...

„Erzählen sie mal, warum Sie hier sind".

„Jo, ich bin Alkoholiker".

Und im Juli ist meine Exfreundin, die auch Alkoholikerin ist, endlich abgehauen. Das war für mich ein Segen und ich bin angefangen noch mehr als üblich zu trinken. Bekam dann noch eine Rückzahlung von den Nebenkosten und da hab ich Gas gegeben. Das steigerte sich dann bis zum 07.09. Da kam der Sozialpsychiatrische Dienst zu mir und es war nötig, sehr nötig, dass ich in die Entgiftung kam und sie hat dann gleich eine Einweisung veranlasst".

„War das eine Zwangseinweisung?"

„Nein, auf meinen Wunsch, aber ich wäre auch gar nicht mehr in der Lage gewesen, zu Hause zu bleiben. Jedenfalls bin ich dann per Krankentransportwagen in die Entgiftung, habe dort einen Erstickungsanfall bekommen. Dann per Notarzt ins Akuthaus. Intensivstation, Koma, danach drei Wochen Normalstation und nun bin ich hier".

„Das ist aber mal eine schnelle Zusammenfassung".

„Ja, ich habe ja auch durch meine Therapien schon die ein oder andere Erfahrung und Fähigkeit erlangt, über mich strukturierte Auskunft zu geben".

„Wieviele Therapien haben Sie denn schon gemacht?"

„Zwei Langzeittherapien, eine tiefenpsychologische psychosomatische Therapie und so an die neun Entgiftungen".

„Und wie ist das jetzt so mit dem Verlangen nach Alkohol?".

„Habe kein Verlangen".

„Ja, aber das kann ja jederzeit wieder kommen".

„Ich weiß, wie gesagt, habe ja schon Therapieerfahrung. Aber im Moment will ich nicht trinken, das muss Ihnen erstmal reichen".

„Ja, wir kontrollieren Sie ja hier nicht. Sie könnten also trinken, wenn sie wollten".

„Ja, ich will aber gar nicht."

„Aber wenn Sie wollten könnten Sie. Sie werden hier ja nicht beobachtet".

Was will der? Will der mich in den Rückfall treiben?

„Wollen Sie mir den Rückfall einreden oder was? Ich will nicht trinken. PUNKT".

„Nein, ich will nur, dass Sie wissen, dass das hier eine offene Klinik ist und Sie eigenverantwortlich handeln müssen".

„Ja gut und Sie müssen mir glauben, dass ich nicht trinken will".

Ich muss dann so Fragen beantworten wie: Welcher Tag ist heute? Mittwoch. Welches Datum haben wir? 21.10.2010. Nee, heute ist der 20. Ah, um einen Tag vertan. Kann ja mal vorkommen. Muss dann aus bunten Klötzchen vorgegebene Muster nachstellen. Räumliches Denken konnte ich noch nie. Er vermerkt das. Super, klingt ja auch nicht wie eine Ausrede. Er liest dann eine Geschichte vor, die ich mir merken soll. Nachdem ich diese wiedergegeben habe, folgt eine zweite, die ich auch „wiederkäuen" muss. Muss mir dann noch Zeichnungen merken, die ich nach Ablauf von zehn Minuten auf ein neutrales Blatt aufmalen soll. Oh, bei dem Fenster hab ich das Fensterkreuz vergessen. Mist, ich bin aber auch von den paar Sachen schon ganz schön müde im Kopf. Als diese Einheit dann nach weiteren zehn Minuten zu Ende geht, soll ich die zwei Geschichten noch mal wiedergeben. Er trickst hier ganz schön rum, macht aber einen sehr sympathischen und vor allem kompetenten Eindruck. Habe in der Wiedergabe der Geschichten zwei Fehler und er meint, das wäre schon sehr gut.

Ich solle doch vielleicht an der PC-Gruppe teilnehmen, dort würden die kognitiven Fähigkeiten geschult, diese Gruppe betreut er auch. Ich lass mich dafür eintragen und schiebe mit meinem Rollator mal wieder zur Raucherbude.

Am Anfang des nächsten Termins, fünf Tage später, erzähle ich dem Psychologen die beiden Geschichten nochmals. Er liest sie nach und meint: fehlerfrei.

Und jetzt kommt bestimmt die obligatorische Frage, die Therapeuten immer stellen, wenn sie mit Suchtabhängigen arbeiten.

„Haben Sie Suchtdruck?". Er hat die Frage noch nicht ganz ausgesprochen.

„Nein".

So, dann wollen wir mal ins Gespräch starten, denk ich mir und beginne mit:

„Suchtdruck, weiß ich gar nicht so genau, ob ich das kenne. Klar, wenn ich dann schon wieder voll drauf war und mich Entzugssymptome gequält haben, aber wenn ich angefangen habe, so nach Entgiftungen oder den Langzeiten, war das doch immer eine bewusste Entscheidung von mir. Weil ich besoffen sein wollte. Da hatte ich keinen innerlichen Druck. Ich wollte das".

„Wie lange waren Sie denn am Stück trocken, so nach den Langzeiten oder Entgiftungen?"

„ Höchstens Stunden. Immer so lange wie es von der Entlassung aus der Einrichtung bis nach Hause gedauert hat. Aber ich hab dann meist bis Abends gewartet. So dass ich mir sicher sein konnte, dass mich keiner beim Einkaufen sehen kann. Also in der ersten Langzeit hab ich ja auch während der Belastungserprobungen getrunken. Hab dann immer so aufgehört zu trinken, dass ich beim Pustetest 0,00 hatte".

„Und das ist dort niemandem aufgefallen?"

„Sonst hätte man mich ja darauf angesprochen. Hat aber keiner."

„Zurück zu ihrem Suchtdruck. Den haben sie also nicht?"

„ Nö, das kenn ich aber schon. In Einrichtungen wie hier habe ich weder Druck noch auch nur ein kleines Verlangen nach Alkohol. Wir haben das auch in einer, ich glaub, der ersten Langzeit thematisiert. Die einhellige Meinung ist ja, dass es an der Kontrolle liegt, dass man nicht trinkt, das ist bestimmt auch richtig. Aber dass man keinen Druck zum Saufen verspürt wurde von meinem damaligen Therapeuten so erklärt, dass man in der Einrichtung ja vorher noch nie getrunken hat und die Umgebung einem keine Assoziation zum Trinken bietet. Diese These kann ich aus eigener leidvoller Erfahrung bestätigen. Ich hab ja in meiner zweiten Langzeittherapie (in der Folge als LZ bezeichnet) meine jetzige Exfreundin kennen gelernt und nach meiner Entlassung hab ich sie dort besucht. Naja, was soll ich sagen? Während ich auf sie im Hotel gewartet habe, waren dann mal so drei bis vier Halbe in mir entschwunden".

„Hat sie das nicht gemerkt?"

„Doch, aber sie ist ja auch vom Fach und damit bereiter, darüber weg zu sehen. Jedenfalls kann ich in der Klinik, wo ich war, keine Langzeittherapie mehr machen, weil der Ort von mir schändlich als „Abstinenz-Zuflucht" zerstört wurde. Würde ich mir hier in der Klinik ein Bier erlauben, würden der Absturz und mein Tod vorprogrammiert sein".

„Sie sehen also einen erneuten Rückfall als lebensbedrohlich an?"

„Nee, nicht als Bedrohung sondern ein weiterer Rückfall wäre mein sicherer Tod, das steht fest. Und versuchen Sie nicht, mich von diesem Gedanken runter zu bringen. Dieser Gedanke und die Flashs, die ich aus der Zeit des Komas und danach mit mir rumtrage, lassen mich im Moment trocken bleiben".

„Was für Flashs sind denn das?"

„Ich habe während des Komas heftigste Alpträume gehabt, die ich in dem Moment und auch kurz nach dem Erwecken noch für die Realität gehalten habe. Das hat sich auch massiv echt angefühlt. Aus diesen durchweg schrecklichen Träumen und der Unfähigkeit, nach dem Koma mich mitzuteilen und zu bewegen, bekomme ich Erinnerungsflashs, die nur Sekunden dauern, aber heftig intensiv sind. Das wird dann auch körperlich. Ich bekomme eine Gänsehaut und mein Körper verkrampft dann leicht. Die Häufigkeit und Intensität lassen aber leicht nach, die waren am Anfang echt heftiger. So dass ich im Flash völlig abwesend war".

„Sie können sich an die Träume während des Komas noch erinnern, das ist aber nicht so häufig".

„Ja keine Ahnung. Die Erinnerungen sind klarer als mir lieb ist".

„Vielleicht ist das ja auch eine Chance. Das wir keine Traumabewältigung machen sondern eine Traumaktivierung. Das heißt, wir versuchen die Erinnerungen wach zu halten, ohne dass Sie massive Einschränkungen haben."

„Ja, das ist doch mal eine gute Idee. Wenn wir das hinkriegen könnten, wäre das super. Ich will jedenfalls nie wieder in so eine hilflose fremdbestimmte Situation geraten."

„Wenn Sie noch mal einen Flash bekommen, versuchen Sie die Bilder mal in schwarz/weiß ablaufen zu lassen. Und morgen ist für Sie ein Reaktionstest angedacht. Die Auswertung machen wir dann zusammen. Und Sie können dann ja vom eventuellen Erfolg berichten. Aber können Sie mir mal so einen Traum beschreiben?"

Ich berichtete von dem Traum, in dem meine ganze Familie „draufgegangen" ist.

„Und Sie haben das für die Realität gehalten?"

„Ich habe das nicht nur für die Realität gehalten sondern die Träume haben sich in meine Gefühle gegraben. Muss mir heute sogar noch sagen, dass meine Familie lebt und soweit alles in Ordnung ist." Wir leiten das routinemäßige Abschiedsritual ein.

„Unsere Zeit ist leider rum!"

„Ok, wann nächster Termin?"

„Gespräch in drei Tagen! Reaktionstest morgen!"

„Ok, schönen Tag bis morgen!"

Der Reaktionstest am nächsten Tag gestaltete sich so, dass ich vor einem PC-Monitor saß. Auf diesem leuchteten Xse auf und in dem Moment musste ich einen Schalter betätigen. Im Anschluß daran Xse mit Ton. Da durfte ich aber nur bei den X ohne Ton drücken.

Der Test war ja einfach. Fühle mich wie ein Schimpanse im Labor. Der nächste Test ist wie bei der Medizinisch Psychologischen Untersuchung (MPU)((Idiotentest)). Farbe leuchtet, Farbe drücken, Fußpedal leuchtet, Fußpedal drücken. Dieser Test ist echt nicht ohne, vor allem wenn man durch das Koma eine schlechte Reaktion hat. Wann hört das eigentlich auf, dass man durch Tätigkeiten in der Reha frustriert wird?

Im Anschluss geht's dann zu meinem Psychotherapeuten, die Tests auswerten. Uh, nicht so prall abgeschnitten. Kunststück, wenn mir einer meine Hand auf die Herdplatte legen würde, wäre die auch gut durch, bis ich sie runter hätte. Wir beschließen, den Test kurz vor meiner Entlassung zu wiederholen.

Bei dem nächsten Gesprächstermin:

„Haben sie Lust zu trinken?"

„Nein"

„Wie geht es Ihnen hier im Haus?"

„Ganz gut, kenne mich ja mit einkasernierter Unterbringung aus. Das ist sogar etwas, in dem ich mich wohlfühlen kann. Habe ja meine Prägezeit so vom 14. bis 16. Lebensjahr im Internat verbracht. Bevor Sie fragen: das war keine freiwillige Unterbringung. Eine Frau vom Jugendamt hat entschieden, dass zur besseren Entwicklung zwischen Mutter und Kindern eine Trennung von Nöten sei. So kamen mein Bruder und ich in dieses „Fachinternat für Musik, Kunst und Sport". Da hat man mich dann wegen Rädelsführerei nach zwei Jahren entlassen. War wohl so eine Kostensache. Bei regulärem Auszug gibt's für die Einrichtung kein Geld mehr. Bei Rausschmiss drei Monate weiter Kohle, ohne den Jugendlichen zu haben. Das Haus ist heute zu und ein Asylbewerberheim drin. Kam dann in eine Jugendwohngruppe, wo ich meine 10. Klasse zu Ende machen konnte. In der Zeit sind einige heftige Dinge abgegangen, das können Sie mir glauben. Naja, jedenfalls kenne ich die Unterbringung ja auch von den Therapien."

„Und wie kommen Sie so mit den Mitpatienten zurecht?"

„Ja, da ist auch alles klar. Mir ist auch aufgefallen, dass ich nicht mehr so heftig auf nervige Mitpatienten reagiere."

„Haben Sie denen eigentlich erzählt, warum Sie hier sind?"

„Ja wegen den Folgen des Komas. Aber auch, woher das kommt war ein Thema. Die, denen ich das erzählt habe, sind da aber auch leicht damit umgegangen. Und was ich besonders gut finde ist:

hier geht es nur um unsere Erkrankungen. In den Langzeittherapien auch, aber da ging es nur um Alkohol. Von morgens bis abends geht es nur ums Saufen. Und besonders schlimm an den Anfängen der LZ. Da will der eine den anderen mit Promillewerten, Leberwerten oder Trinkmengen übertrumpfen. Und allen geht's soooo Scheiße und immer sind andere daran schuld. War bei mir am Anfang nicht anders, aber man bekommt mit der Zeit eine andere Sicht auf die Dinge. Und ich glaube nicht, dass man darauf stolz sein kann, wenn man mit 3,95 Promille sich noch adäquat mit einem Psychologen unterhalten kann.

Und Schuld war bei mir immer die Vergangenheit. Wie jemand, der vorm Richter sitzt und sagt, die Frau habe ich umgebracht, weil meine Kindheit so schwer war. Super Begründung.

Jedenfalls geht es bei Alkoholikern immer nur ums Saufen und nach der LZ fragen sich die Leute, warum sie nach Hause kommen und Durst haben. Rückfall in der Therapie vorbereitet und schon die passende Entschuldigung. Die kriegen sie ja in der LZ von Rückfall-Patienten geliefert. (Das R steht auf der Patientenakte und besagt Rückfallpatient). Die erzählen dir, Rückfall gehört zu der Krankheit dazu. Ein Alkoholiker braucht mindestens einen, manche zwei. So, dann nach Hause diese Weisheit den Angehörigen erzählt, zwei bis drei Tage abwarten und dann lass kommen. Gehört ja zum Krankheitsbild. Das sind dann aber auch die, die so wie ich aus „falschen Gründen" ne Langzeittherapie machen. Fragen Sie mal die Suchtis, die am Anfang einer LZ sind, warum sie da sind. Gründe sind: meine Frau haut ab, verliere den Job, Arge streicht Geld, die Gesundheit streikt. Meist durch schlechte Leberwerte. Damit wir uns richtig verstehen, warum jemand aufhört zu saufen ist erst mal zweitrangig, wichtig ist alleine, dass er das tut. Alleine schon wegen des Körpers. Aber man muss den Bezug zu sich herstellen, sonst ist die Situation bereinigt. Frau bleibt, Job behalten, Arge zahlt weiter, Gesundheit verbessert sich, dann kann ich ja wieder saufen. Das Fatale mit der

Gesundheit ist nämlich, dass die Leber zum Beispiel das Organ im Körper ist, das sich super wieder regeneriert. Das heißt, sagt dir der Arzt, z.B. ihr Leberwert ist erhöht wie in meinem Fall 2007, bei 2580 kriegt man erst mal „Fett die Krise". Wobei der Wert nur was über die Anzahl der sich im Blut befindlichen abgestorbenen Leberzellen aussagt. Ist die Leber schon so geschädigt, dass nicht mehr viele Zellen absterben können und somit wenige im Blut schwimmen können, hat man trotz Leberzirrhose einen tollen Gamma-GT (Leberwert). Jedenfalls war mein Wert 2007 echt erschreckend, der Normbereich liegt bei 27-34. Doch siehe da, nach 16 Wochen Therapie war der Wert wieder bei 31. Und auch der Rest der Organe erholt sich in der Regel nach dem Exzess wieder.

Wenn es an das Geld geht, weil der Arbeitgeber oder die ARGE die Fehlzeiten oder sogar besoffene Auftritte nicht mehr tolerieren wollen, dann wird der Suchti schnell und tut vermeintlich alles, damit der Zustand des Pseudo-Wohlstands wieder hergestellt wird. Wenn ich dann z.B. Klagen höre, mein Hartz 4 reicht nicht, der Regelsatz ist zu gering, dann vergessen die meisten die Aufstellung auf dem Bewilligungsbescheid. Es gibt den Regelsatz plus Wohngeld. Also in der Regel um die 550-600 Euro. Natürlich ist der Regelsatz zu gering, wenn ich Essen, Saufen und Rauchen finanzieren muss. Wobei, mal ganz ehrlich, gespart wird? Am Essen. Ich habe spätestens ab Mitte des Monats die Währung geändert von Euro in Pfand.

Drei leere Kisten ergeben eine volle, und für 33 leere Bierpullen gibt's im günstigen Fall sechs neue. Bei Glasflaschen. Bei den Biersorten der Billigdiscounter ist der Einsatz am Anfang des Monats höher, dafür braucht man ab Mitte des Monats nicht so viel Leergut schleppen. Das sind Plastikflaschen. Die dann noch den Vorteil haben, in der Tasche nicht zu klimpern. Um aber funktionierende Pfandwährung zu betreiben, gleicht die eigene Wohnung bald einem Lager in einem Getränkemarkt. Welchen man übrigens jeden Tag wechseln sollte, damit nicht auffällt, wie viel Bier man so in der Woche kauft. Das macht Sinn, man sieht aus wie ausgekotzt, aber die Verkäuferin sieht einen ja nur einmal die Woche. Worauf ich eigentlich hinauswollte ist aber: ist die Kohle in Gefahr, kümmere ich mich. Nach so einer Entgiftung oder gar einer LZ sind ja auch erstmal alle wieder beruhigt. Und das Geld fliesst weiter. Prost. Leute, die genug Geld haben, ist dann nur über die Gesundheitsschiene zu kommen. Aber das hatte ich ja schon ausgeführt. Bei dem drohenden Scheitern einer Beziehung sieht der Süchtige nicht unbedingt die Liebe in Gefahr sondern das Gegenüber wurde ja über die Jahre Co-abhängig erzogen, über dieses komische Gefühl Liebe. Der nicht süchtige Teil der Beziehung möchte natürlich den Partner nicht leiden sehen. Wer will das schon? Und wenn der Partner dann nicht selber vor bibbernden Knien zum Laden kann, kommt der Satz „Und bring mir bitte mein Getränk mit."

Bei mir war es in der letzten Beziehung auch so, obwohl ich über Alkoholsucht schon recht viel weiß und es besser wissen müsste, wurde ich doch prompt auch Co-abhängig. Alle Leute, denen ich mal was bedeutet habe, haben irgendwann den Kontakt gemieden, weil das so an der Substanz zerrt, mit einem Abhängigen Kontakt zu haben. Die waren irgendwann hilflos und ich habe weiter gemacht als sei nichts. Mit genug Promille im Kopf lässt sich vieles aushalten, vor allem der eigene Verfall. Aber als ich in einer kurzen trockenen Phase miterleben musste, wie sich meine damalige Partnerin extrem betrunken hat, habe ich diese Hilflosigkeit erfahren, und die ist so heftig, dass ich finde, wenn der Süchtige in eine LZ geht, muss der Partner auch eine Therapie machen. Um sich selbst zu schützen. Und es ist in der Regel so, dass der Süchtige bei der Heimkehr mit Adleraugen überwacht wird. Und sich irgendwann denkt, die glauben mir eh nicht, dann bestätige ich die doch mal. Prost.

Sollte die Beziehung dann aber trotz LZ zu Ende sein, prima, das ist eine super Entschuldigung für einen Rückfall. So wie fast alles eine super Entschuldigung ist. Aber nur so lange, bis man ehrlich zu sich selbst wird und sich eingesteht, nicht die anderen zu bescheißen sondern sich selbst. Den Einrichtungen kann das echt schnurz sein. Die Menschen, die da arbeiten, machen das auch um zu helfen. Aber jeder, der wiederkommt füllt das Budget.

Man sollte dann aber nicht wie ich weiter saufen sondern sich auf sich besinnen und verstehen, dass Alkohol tötet. Ich habe nur verdammtes Glück gehabt. Und zwar so viel, dass ich heute nicht mal mehr über eine rote Ampel gehen würde."

Rückblick

Wie ich in dieses Mühlwerk geraten bin und wie es mich letztlich an den Rand meiner Lebenserwartung gebracht hat, möchte ich an dieser Stelle grob zusammen gefasst mitteilen.

Meine schwere und hinderliche Kindes- und Jugendzeit mal aussen vor gelassen, fing meine Saufkarriere so um 2001 an.

Ich bin zu Hause ausgezogen und genieße meine neu gewonnene Freiheit in vollen Zügen. Spaß steht im Vordergrund meiner Existenz. Den hab ich mir in meiner Freizeit auch verdient, ist mein Job als examinierter Altenpfleger doch anstrengend und Lebensenergie zehrend. Nach Feierabend ein Bierchen ist ja auch nicht das Übelste. Da kann ich super mit abschalten und zur Ruhe kommen. Mein bester Freund wohnt mit mir in demselben Haus und so verbringen wir die Abende mit Playstation spielen und mit Bier trinken.

Das hab ich mir auch verdient. Morgens komm ich super aus dem Bett und auf der Arbeit bin ich gern gesehen und fleißig. Gut, ich habe einige gesundheitliche Probleme. Die Arbeit trage ich nach Feierabend noch recht lang in meinem Kopf mit mir rum. Und mein Magen rebelliert des öfteren, aber das ist ja auch kein Wunder, bei dem Stress, den die Versorgung der Leute mit sich bringt. Alles läuft in meinen Augen super. Bis mir mein Arbeitgeber mitteilt, dass aufgrund der finanziellen Situation eine Verlängerung meines Arbeitsvertrages nicht in Frage kommt.

OK, Pfleger sind begehrte Kräfte. Werde schon etwas Neues finden. Kommt mir auch gar nicht so ungelegen, die Situation. Nach acht Jahren in der Pflege habe ich dann doch gemerkt, dass demenzkranke Menschen einen ganz schön nerven können.

In dieser Zeit ist dann auch noch mein Großvater verstorben. Ah, da ist also der Knackpunkt, jetzt geht's mit ihm bergab. Nee, weit gefehlt: habe die Trauerzeit ohne großes Saufgelage überstanden.

Beruflich neu orientieren. Ein Kumpel meint, bewirb dich doch bei uns in der Anstalt. Der meint die Justizvollzugsanstalt, in der er Dienst tut. Ich Justizvollzugsbeamter. OK, das stand in der Berufsfindungsphase der Schule auch auf dem Möglichkeiten-Plan. Durchlaufe das Bewerbungsverfahren und werde von einem bekannten Justizmediziner abgelehnt mit der Begründung, meine Tattoos würden mich psychisch belasten. Ah ja, gut verkappten Schauspielern sollte man auch, wenn sie Ärzte sind, Honig ums Maul schmieren und nicht versuchen, mit ihnen professionell umzugehen. Wie ich das aus langjährigem Umgang mit Medizinern gewohnt bin.

Also Haken dran. Trink immer noch nicht übermäßig, so 4 halbe Liter am Abend, aber es hilft beim Einschlafen.

Da sich in meinem Badezimmer Schimmel als Untermieter bemerkbar gemacht hat, steht jetzt auch erst mal ein Umzug an. Finde auch eine Wohnung, die mir super gefällt. Etwas außerhalb der Stadt auf einem ehemaligen Bauernhof, der nun mit Mietern bevölkert ist. Hier lässt es sich leben. Durch Zufall fällt mir dann auch noch ein Stellenangebot in die Hände: OTA Ausbildung. Arbeiten im OP, das wollt ich schon immer machen. War mir aufgrund des Hauptschulabschlusses verwahrt geblieben. Jetzt kann ich das mit meinem Examen angehen.

Überstehe das Auswahlverfahren und bin wieder Auszubildender.

Auf dem Hof, wo ich mich mittlerweile eingelebt habe, läuft es auch super. Meine Nachbarn sind alle voll nett und es werden auch viele Sachen zusammen gemacht. Häufig Party.

Eine schon vor geraumer Zeit diagnostizierte Depression schleicht sich doch wieder heftiger in meine derzeitige Glückseligkeit. Wenn ich morgens aufstehe, bekomme ich auch teilweise heftige Würgeanfälle. Ja, mein Magen ist eben mein Seelenorgan. Die Würgeanfälle und die mich heftig heimsuchenden Traurigkeitszustände lassen mich dann auch teilweise länger krank zu Hause bleiben. In der Ausbildung kann man sich aber nur eine bestimmte Anzahl Fehlzeiten leisten. In dieser Situation schlägt mein Neurologe eine psychosomatische Reha vor.

Diese dauert mindestens acht Wochen. Mit der Schulleitung ist das abgeklärt. Also los.

Hier wird meine Vergangenheit auf den Kopf gestellt. Gedauert hat das letztlich zwölf Wochen und am Ende steht, dass ich die Ausbildung zwar gut absolviert habe, aber der Regierungspräsident mich nicht zur Prüfung zulassen will.

Der Reha-Effekt, den es mal gegeben hat, ist auch gänzlich verpufft.

Ich hocke in meiner mittlerweile zum Alltag gewordenen Urlaubsatmosphäre und beschränke mich darauf, mein Leben zu beweinen und meinen Alkoholkonsum so zu rechtfertigen.

Als Job steht eine Krankheitsvertretung in dem Altenheim, wo meine Mutter arbeitet, im Raum. Das ist dann mal so in vier Wochen. Sollte dann vielleicht mit dem Trinken runterfahren. Die gelaufene Heim-Weltmeisterschaft war dem Verzicht auf Alkohol nicht zuträglich. 14 Tage vor Arbeitsbeginn muss ich einräumen, dass ich ohne Hilfe nicht aufhören kann. So wende ich mich also vertrauensvoll an meinen Hausarzt, der auch vom Fach ist und der macht mir eine Einweisung in die Alkohol-Entgiftung klar.

Bei der Aufnahme dort bin ich wider besseren Wissens davon überzeugt, dass das Gift nur mal raus muss und ich dann schon wieder kontrolliert trinken kann. Während der ersten Übernachtung muss mein Bett so um die achtmal bezogen werden, ich gehe genauso oft duschen. Zehn Tage qualifizierte Entgiftung mit anderen Alkoholkranken machen einem wenig Hoffnung, es dann doch gänzlich sein lassen zu können. Nach der Entgiftung bin ich dann in dem Altenheim als Fachkraft angefangen Dienst zu schieben. Unter der Oberaufsicht meiner Mutter, die hier auch keinen Moment auslässt, mich als Sohn strammstehen zu lassen. Die Streitgespräche und mein Wunsch, doch zu trinken ließen mich dann auch nur 14 Tage in dem Job durchhalten. Getrunken hatte ich natürlich vorher schon, aber ich konnte mich morgens noch zur Arbeit aufraffen. Nun meldete ich mich einfach krank und der Job war weg.

Viel Zeit zu Hause, wenig Zukunftsperspektive und den Stempel „Alki", den ich seit der Entgiftung trage, erlauben mir, mich dem Suff hinzugeben. Nach sechs Monaten Suff und Leben entgleiten lassen, folgte Entgiftung NR. 2.

Aber in einer anderen Klinik. Ist ja peinlich, wenn man nach sechs Monaten wieder auf die gleiche Station muss. Neue Klinik heißt, neues Personal und neue Mitpatienten, aber auch wiederum nicht. Irgendwie ähnelt sich alles. So im Anschluss an diese Entgiftung möchte ich eine Langzeittherapie machen. Zumal ich auch dieses Mal zu Hause wie ein Messie gehaust habe. Irgendwie muss das doch in den Griff zu kriegen sein. Na ja, jedenfalls nicht mit einer LZ. In der letzten Woche der Reha hab ich mir beim Sport das linke vordere Kreuzband gerissen. Was keine große Sache wäre, wenn mir das nicht schon 1999 passiert wäre. So musste da viel gemeißelt, gebohrt, mit Knochenzement geflickt und vielfach operiert werden. Stark Bewegungs eingeschränkt setzte ich mein Suffleben zu Hause fort. Bier rankarren ging noch. Bier rankarren geht immer. Irgendwie.

Nach der finalen Operation stand dann eine Knie-Reha an. Stationär oder ambulant. Der verantwortungsvolle Suchti bucht stationär, da ist man ja quasi unter Aufsicht. Ja stimmt, aber das hat keinen interessiert.

Hab in den vier Wochen Reha mehr gesoffen als die Monate vorher. Entgiftung nach der Reha vorprogrammiert. Ach so:

Wodka kam während der Reha in mein Leben. Böser Kollege, ganz böser Kollege und die Entgiftung davon erstmal. Zwei weitere Entgiftungen später habe ich dann die nächste Langzeit gebucht. Nicht weil ich überzeugt war, dass sie diesmal hilft sondern weil mein Vermieter den Zustand seines Mieters und vor allem den seiner Wohnung, nicht mehr dulden wollte. Ferner musste ich diesem Mann dann auch noch mein Auto verpfänden, da ich mein Hartz 4 Geld in Alkohol und nicht in Nebenkosten investiert hatte. So war ich also obdachlos, und die Langzeittherapie gibt erstmal für vier Monate Dach, Essen, Bett und Klo und Zeit, sich geläutert was Neues zu suchen.

Das mit dem Neu suchen hab ich in der Langzeit zu wörtlich genommen und hatte am Ende der Reha auch eine neue Freundin, die dann auch in die von mir neu angemietete Wohnung ziehen wollte.

Wieder zu Hause ging das altbekannte Spiel weiter, ich soff weiter. Erst wieder nur geringe Mengen, aber nach ca. zehn Tagen lag der Konsum wieder bei ca. 15 Halben am Tag. In dieser Zeit wollte meine neue Freundin, dass ich sie in der Reha besuche. Hab ich dann auch gemacht, mit Hotelübernachtung und so. Aber was soll ich sagen, natürlich mit „Atue aufm Kessel". Natürlich hat sie mir nur wenige Vorwürfe gemacht, sie ist ja auch vom Fach. Nach den zwei Übernachtungen, in denen ich es hab wieder richtig krachen lassen, musste ich irgendwie mit zu wenig Geld Richtung Heimat. Hat auch irgendwie noch mal gut gegangen. Mein Kumpel, mit dem ich die Reha gemacht hatte, wusste dann auch alsbald Bescheid, blieb aber abstinent. Kompliment. Er hat sich dann auch ambulant betreutes Wohnen organisiert. Da kommt so zweimal die Woche eine Sozialarbeiterin zu einem nach Hause und schaut nach dem Rechten. Unterstützt beim Einkaufen, Putzen und Schriftverkehr. Hatte das für mich auch mal angedacht, aber wieder verworfen. Auf Kontrolle steht man halt nicht so unbedingt.

Jedenfalls an dem Tag, als meine Perle zu mir kommen sollte, ist meine beste Freundin sie abholen gefahren und ich lag volltrunken im Bett und hatte keinen Bock, jetzt so eine keifende Frau in meiner Bude zu haben.

Und richtig genug, keifen wäre ja noch gegangen, aber die hat dann erstmal meine Bude in Ordnung gebracht und mich das Wochenende kalt runterfahren lassen. Für jeden, der das mal so zu Hause vorhat, das ist SAU gefährlich.

So, nachdem ich nüchtern war, haben wir uns dann auf 34 qm arrangiert. Unser Kumpel kam regelmäßig vorbei, was wohl auch daran lag, dass ich nüchtern wieder regelmäßig gekocht habe.

Fast drei Monate waren wir beide trocken, bis im Sommer beim Kochen die Frau meinte, jetzt mal einen Prosecco zu trinken. Die hatte das noch nicht ganz ausgesprochen, da war ich auch schon vom Laden wieder da: Prosecco und Bier im Rucksack. Der Abstieg begann. Langsam wurde mir klar, dass dies nicht gut gehen kann. Die erste Zeit lief noch gut, wir kriegten soweit alles auf die Reihe, bis wir beim gemeinsamen Einkaufen Wein und Wodka geholt haben. Alsbald gingen pro Tag vier Flaschen Wein und wenig Wodka drauf.

Als es dann die ersten Handgreiflichkeiten und Anfeindungen ihrerseits gab, war für mich klar, dass ich in die Entgiftung muss und das schleunigst. Meine bessere Hälfte meinte, sie könne zu Hause, wenn sie alleine wäre, selbst entgiften. Ich also in die Klinik und ab dem 2. Tag zehn Tage lang meine betrunkene Perle am Telefon gehabt. Super, ich freu mich auf zu Hause. Hab sie dann mit „runter trinken" nach vier Tagen nüchtern gehabt. Wir beschlossen, dass es besser wäre, sie bekäme ihre eigene Bude. Gesagt, getan. Die hatte sie dann auch sehr bald und zwar direkt neben meiner Bude. In der Folge lief es mehr schlecht als recht.

Abwechselnd gingen wir in Entgiftungen, tranken dann aber auch wieder zusammen.

Ich wollte da nur noch raus.

Als ich eines Nachts zu dem Kiosk meines Vertrauens gelaufen war, um Wein zu holen, wurde mir auf dem Rückweg so schwindelig, dass ich quer über die Straße getorkelt bin und dann auch hinfiel. Konsequenz: Ein Passant rief den RTW wegen einer hilflosen Person. Mich.

In meinem Kopf war nur die Angst, dass mein Bruder Dienst hat und mich so sieht. Die Rettungsassistenten wollten mich dann auch ins Krankenhaus bringen, da ich aber abgelehnt habe und direkt am Fundort wohnte, ließen sie mich in meine Wohnung gehen. Durch den Sturz war Wein zerstört worden, was meine Perle nicht ohne schlagende Argumente betrauerte.

Am nächsten Tag ist sie dann zu dem Laden gegangen, um Nachschub zu besorgen. Als sie nach einer Stunde nicht wieder zurück war, machte ich mir noch mehr Sorgen als sonst, wenn sie betrunken wo hingegangen war. Und richtig genug: sie bekam an der Kasse Kreislauf-Schwierigkeiten und die Verkäuferin liess sie per RTW ins Krankenhaus bringen. Kaum im KH angekommen, hat sie sich durch Unterschrift selbst entlassen und kam dann mit dem Taxi nach Hause. Es wird empfohlen, diesen Frust mit Korn zu ertränken und den Rest bei seinem Freund abzulassen. Nun waren wir also bei Korn angekommen.

Das war mir zu viel und ich beendete die Beziehung. Das heißt, ich wollte es, aber Schmerzen im Gesicht meinerseits hinderten mich an der Umsetzung. Für mich war es jedenfalls aus und vorbei.

So lebten wir dann wie Bruder und Schwester in näherer Umgebung. Ohne dass sie Sex bekam wurde sie aber noch krasser und ich konnte mich nur schützen, indem ich mich einschloss.

Es plätscherte alles so weiter vor sich hin, bis ich dann irgendwann wirklich alleine war, weil sie zu ihrer Familie fahren wollte. Sie war gerade aus der x-ten Entgiftung zurück und so kann man sich dann ja auch wieder präsentieren.

Später, viel später stellte sich heraus, dass ihre Familie ihr neuer Kerl war, den sie in der Entgiftung kennen gelernt hat.

Ich kam mit dem Alleinsein einigermaßen zurecht: Bis - ja bis dann die Rückzahlung der Nebenkosten kam.

Wieder in der Heimat

Donnerstag, 03.Februar 2011: der Fahrer, der mich aus der Reha in meine Heimatstadt fährt, hat miese Laune. Und ich bin auf dem Weg damit beschäftigt, mich mit meiner Abstinenz auseinander zu setzen. In Einrichtungen fällt mir das leicht, aber jetzt bin ich ja wieder auf dem Weg an den Ort meiner größten Kapitulation. Wie wird das werden, wenn ich an die Orte komme, die noch vor einem dreiviertel Jahr nach Alkoholverzehr geschrien haben?

Er liefert mich vor dem Haus meines Vaters ab, was keine Selbstverständlichkeit ist.

„Das muss man sich mal vorstellen, ich ziehe freiwillig für eine unbestimmte Zeit zu meinem Vater, um nicht wieder in die alte Saufbude zu müssen und meiner Ex nicht begegnen zu müssen und der Transporter meint, er müsse mich an die Adresse liefern, die auf meiner Versichertenkarte programmiert ist. Als er mir das mitteilt, will ich den einfach nur schütteln. Aber ich bleibe ruhig, jetzt beginnt die Zeit, in der ich jedem „Hans und Franz" im Alltag erklären muss, warum ich bestimmte Sachen nicht machen kann. Der Transporter kriegt die „Hammerversion" einer „Hammergeschichte" und ist auf mal sehr still. Er sieht ein, dass es nicht gut wäre, mit mir über die Zieladresse zu diskutieren und fährt mich zu meinem Vater.

So, jetzt stehe ich vor dem Haus und wundere mich etwas. Normalerweise würde ich jetzt schon Bock auf ein Pils haben, aber das bleibt aus. Mein Vater kommt raus, begrüßt mich mit Freude und wir laden die Sachen aus. Anschließend muss ich direkt zu meinem Hausarzt, um Medikamente verschreiben zu lassen. Mein Vater fährt mich dorthin.

Ich sitze auf dem Beifahrersitz in dem Ami-Cabrio meines Vaters und schaue ihm beim Fahren zu. Das habe ich das letzte Mal 1986, glaube ich, gesehen. Als mein Vater jetzt seinen Führerschein nach so langer Zeit wiederbekommen hatte, war ich noch voll drauf und habe seine und meine Freude darüber nur vernebelt kurz wahrgenommen.

Jetzt bin ich voll stolz, und ich glaube, ich habe ihn angehimmelt, so wie kleine Kinder das tun. Hat ja auch bloß 34 Jahre gedauert. In der Praxis meines Arztes krieg ich mit einmal einen Flashback. Ich zottelig, halb verwahrlost, mit Fahne am Empfangstresen um 8 Uhr morgens, in Erwartung einer Arbeitsunfähigkeitsbescheinigung, um die nächsten Tage nicht in Arbeit sondern im Suff verbringen zu können. Die AU zu kriegen ist hier kein Problem, aber der Weg geht nur mit Wegzehrung.

Routinemäßig geht's in das Sprechzimmer, und ich fühle mich unwohl. Man, was ist denn das mit den Empfindungen hier? Der Doktor kommt rein: „ Na Jung, bist wieder da." Wir besprechen meine Medikation, die Empfehlung aus der Klinik bügelt er gleich weg. Da würden sich die in der Tagesklinik drum kümmern. Hierfür bekomme ich noch eine Überweisung.

Nach dem Arztbesuch noch Medikamente aus der Apotheke geholt und dann zu meinem Vater nach Hause, Bett im Keller aufbauen und mich ausbreiten. Anschließend bringen wir meine Stiefmutter zur Arbeit und Vater fährt mit mir zu der Wohnung, die ich nach erfolgreicher Renovierung beziehen darf. Die Wohnung gefällt mir gut und die Vermieter sind mit meinem Vater befreundet.

Was ja auch eine leichte Form von Kontrolle hat. Mit der Vermieterin noch erste Details geklärt und dann muss mein Vater zu seinem besten Kumpel, wohin ich natürlich mitfahre, da ich den auch schon seit Kindesbeinen kenne. Fühle mich schon die ganze Zeit irgendwie schuldig. Na das Treffen ist lustig und heiter, freue mich darüber, dass mir gesagt wird, dass man froh sei, mich auf meinen Beinen zu sehen. Hiernach sagt Vater, seine Mutter sei umgezogen und wohne jetzt auch, wie ich, demnächst in der Innenstadt. Keine Frage: fahren wir da auch vorbei. Habe meine väterliche Großmutter bestimmt sechs Jahre nicht mehr gesehen. Aufgeregt sitze ich ihr nach herzlicher Begrüßung gegenüber, und sie freut sich, mich zu sehen. Mehr als Smalltalk ist nach so langer Zeit und dem Geschehenen nicht drin. Aber mich beschleicht so langsam das Gefühl, dass es eine fürchterliche Entscheidung gewesen ist, auf meine Familie zu verzichten. Als wir wieder im Auto sitzen erzählt mir Papa, was Oma in den letzten Jahren mitmachen musste. Ich empfinde Wut über mein damaliges Verhalten. Aber keine Zeit mich dem hinzugeben, jetzt geht es in den Wohnbunker, in dem ich die letzten Tage vor dem Krankenhaus verbracht habe. Ich weiß, dass ich da eigentlich erstmal alleine rein muss, aber ich bitte meinen Vater, mich zu begleiten. Natürlich macht er das auch. Als wir das Haus betreten und auf den Fahrstuhl warten, krieg ich eine heftige Gänsehaut nach der anderen. Immer verbunden mit heftigen Flashs. Dieser Bunker macht mich fertig. Vor meiner Wohnungstür wird das alles noch mal potenziert und für einen kurzen Moment wird mir schwindelig und die Beine weich. Als ich die Wohnung betrete, ist mein Abgang aus den Räumlichkeiten wieder voll präsent. Man, was soll das mit diesen Empfindungen? Meine beste Freundin hat nicht mal annähernd übertrieben, als sie mir den Zustand der Wohnung am Telefon beschrieben hat. Alles ist Bruch: Fernseher, Playstation, Anlage samt Boxen und meine Ledersessel verschwunden. Kurz noch in die völlig demolierte Küche geguckt und dann den verbliebenen Rechner und meine Lamadecke untern Arm geklemmt und dann erstmal ganz fix hier wieder raus. Der Müll, über den wir steigen müssen, ist echt voll übel. Im Auto zurück, fühle ich mich erstmal irgendwie leer. Will die Erinnerung nicht mehr, weiß aber auch, dass mich das ja schützen soll, nicht mehr so abzustürzen. Im Garten meines Vaters brauche ich erstmal ein paar Kippen und viel Ruhe für mich, um damit klar zu kommen. Fühlt sich allerdings so an, als sollte das Jahre dauern, das zu verarbeiten.

Abends sollen mein Vater und seine Frau auf die Kinder meines Bruders aufpassen. Als sie aufbrechen wollen fragen sie mich, ob ich nicht mit wolle. Für mich war irgendwie in meinem Kopf, dass die mich da bestimmt alle nicht sehen wollen. (Mein Bruder wohnt mit seiner Familie genau neben meiner Mutter im Haus). Ich fahre mit und hole mir die ersten Anschnauzer meiner verkorksten Zeit ab. Auf dem Weg dorthin wird mir klar, dass ich jetzt das erste Mal meine Nichte und meine Schwägerin (die kennt mich bis jetzt nur als Hartz 4 Säufer-Asi) erleben werde. Als mein Bruder geheiratet hat, war ich ja mal wieder im Alkoholland, also nicht anwesend, genauso wie zu der Taufe meiner Nichte. Die hab ich nur kurz nach der Geburt einmal kurz im Krankenhaus gesehen, als ich mich zusammengerissen hatte.

Krass, was man für eine Angst vor Begegnungen haben kann. Und dann sind da ja auch noch mein Bruder und vor allem meine Mutter und ihr Mann. Mist, ich habe wirklich Angst.

Als wir die Wohnung meines Bruders betreten und meine Nichte mich sieht, ist sie erstmal sofort in ihr Zimmer gegangen. Mein Neffe hat mich ganz normal begrüßt, genauso wie meine Schwägerin. Ich komme damit nicht klar. Nachdem das junge glückliche Paar abgehauen ist, fasse ich allen verbliebenen Mut zusammen und sage meinem Vater, dass ich kurz zu meiner Mutter rüber gehe. Er und seine Frau meinen, ja das wäre super. Moment, hier stimmt was nicht. Wer sind diese Menschen da? wäre vor geraumer Zeit irgendein komischer Kommentar gekommen. Diese Menschen verstehen sich untereinander nicht und das seit über 20 Jahren. Ein Kommentar kommt auch.

„Wir wollen gleich Pommes bestellen, was möchtest du haben?" Hä, was ist hier los? Ich bestelle ein Schnitzel und gehe zu meiner Mutter. Die öffnet mir die Tür und nimmt mich direkt lange in den Arm. Irgendwas läuft doch hier falsch. Ich begrüße ihren Mann, er ist sehr nett zu mir. Wir sitzen im Wohnzimmer und reden über die Reha, da klingelt es plötzlich. Meine Mutter geht zur Tür und meine Stiefmutter steht draußen und fragt nach einem Telefonbuch. Meine Mutter gibt es ihr freundlich, kommt zurück und sagt, ich solle so in 15 Minuten zum Essen nach drüben gehen. AHHH ich komm nicht klar, was ist hier los? Nach den 15 Minuten verabschieden wir uns, und meine Mutter sagt: „Ich hab Dich lieb". Jetzt ist aber wirklich gleich mein Verstand am Boden. Ich antworte: „Ich dich auch" und mache mich nach fünf Monaten Klinikessen über ein frittiertes Schnitzel mit Fettsoße her. Das hat mir in dem Moment den Verstand gerettet.

Meine Nichte beäugt mich beim Essen ganz genau und ich muss feststellen, dass ich die süßeste Nichte der Welt habe. Ja alle Nichten sind die süßesten, ich weiß. Stunden später auf meinem Reisebett in dem ausgebauten Keller meines Vaters, ist mir plötzlich bewusst, was das für ein Tag war. Der emotinonsverkrüppelte Narzisst hat das Bombardement an Gefühlen gemeistert und jetzt der Hammer -- den ganzen Tag keinen Gedanken an Alkohol verschwendet. Stolz wie Oscar versuch ich einzuschlafen, aber das kann ich heute wohl abhaken und ich bin nicht böse drum.

Am nächsten Morgen hab ich erstmal verschlafen. Was bei dem vorigen Tagespensum ja auch nicht wirklich verwundert. Die Renovierung der Wohnung wurde alsbald von meinem Vater thematisiert und auch die Auflösung des Säuferlochs, in dem ich gehaust hatte. Mit meinem Morgenkaffee bin ich erstmal in den Garten und hab mir vorgestellt, wie der Tag wohl verlaufen wäre, wenn mich der Transporter echt an dem Morbidenbau abgeladen hätte und schon bekam ich einen Megaflash, mit Gänsehaut bis zum Anschlag. Davor hab ich noch echt Panik: die alte Bude leer räumen und Gefahr zu laufen, meine Ex zu treffen. Mein Vater hat mich dann mit den Worten „wir sollten los" aus der Angststarre geholt.

Wir sind zu meinen neuen Vermietern gefahren, und was dann passierte, ist im Grunde unglaublich.

Meine Vermieterin, die mich im Grunde gar nicht kannte, bot an, die Kosten für die Renovierung zu übernehmen. Das war ein Mühlstein, der mir auf dem Herzen lag und der wurde binnen eines Fünf-Minuten Gesprächs einfach so von ihr zertrümmert. Ich kann das gar nicht glauben.

Bin ich doch immer noch auf der Schiene unterwegs, dass ich doch mal die Quittung für meinen Beinahe-Suizid noch bekommen muss.

Im Anschluss an das Gespräch muss ich dann auf der Wolke der Zufriedenheit noch den Menschen von der Suchtberatung anrufen, um ihm zum x-tenmal zu verklickern, dass ich seine Hilfe jetzt doch annehmen will, ehrlich! Aber wie macht man das, wenn man diesen Menschen schon zu oft enttäuscht hat. Man ruft einfach an, ablehnen kann der mich immer noch.

Als ich ihn am Telefon habe, erzähle ich ihm meine Geschichte und er ist sehr freundlich und verweist mich auf die nette Kollegin, die das ambulant betreute Wohnen leitet.

Die sei aber grade erstmal im Urlaub. Für mich ist das ok, da ich mich ja in der Obhut meines Vaters befinde. Und das will ich auch so lange wie möglich auskosten. Das tut mir nämlich tierisch gut.

Mein Vater und ich organisieren den Start der Renovierung für den nächsten Tag und verbringen erstmal viel Zeit damit, uns über das Damoklesschwert Alkoholismus auszutauschen, und zwar ehrlich. Mein Vater ist wirklich der bessere Suchttherapeut und die beste Selbsthilfegruppe. Die er mir dann ans Herz legt, da er mit Selbsthilfe auch gute Erfahrung gemacht hat. Ich bin mit einer Terminabsprache mit dem Gruppenleiter einverstanden.

Ich muss nur andauernd feststellen, dass meine Konzentrationsfähigkeit immer noch zu wünschen übrig lässt.

Das Wochenende mit den Renovierungsarbeiten wird später noch thematisiert.

Montag: Heute steht mir ein recht heftiger Gang bevor, ich werde die Frau von der SPD treffen, die mich am 7. September aus der Misere buchsiert hat.

Genau kann ich mich nicht mal an ihr Aussehen erinnern. Sie wohl auch nicht an mich, denn als wir voreinander stehen, fragt sie mich, ob sie mir helfen kann und wer ich sei.

Als wir uns namentlich vorstellen, wird mir plötzlich siedendheiß klar, dass meine Lebensretterin vor mir steht und ich kann nur aus tiefsten Herzen Danke sagen. Sie wiegelt ab, ohne auch nur den Ansatz ihrer Leistung zu verstehen.

Ich erzähle ihr, wie es mir ergangen ist und sie kann nicht glauben, dass ich vor ihr sitze. So geht das irgendwie allen in letzter Zeit, die mit mir zu tun haben. Teile auch meine Schuldgefühle mit und bekomme als Antwort, dass ich ja wohl schon genug gelitten habe.

Sie ist nur besorgt, dass ich im Falle von Suchtdruck nicht die richtigen Schritte einleite. Ich versichere ihr, mich in diesem Falle sofort zu melden oder mich an die Entgiftungsstation zu wenden, die einen auch aufnehmen, wenn man noch nicht getrunken hat. Nach dem ca. 90min Gespräch fühl ich mich, als hätte ich acht Stunden gearbeitet. Bin aber auch erleichtert, dass ich diesem Menschen endlich „Danke"sagen konnte.

Im Anschluss noch fix bei der Bank, mein Konto in ein P-Konto geändert, da ich ja aufgrund der Sauflethargie keine Korrespondenz erledigt habe und nun doch Schulden und damit verbunden auch Titel und Pfändungen gegen mich habe.

So, noch einen Termin bei dem Fallmanager von der Bundesagentur für Arbeit gemacht und dann zu meiner neuen Wohnung, Papa beim Renovieren unterstützen. Finde das klasse, dass ich trocken alles so super alleine geregelt kriege.

Bei der Renovierung meint man Vater, ich würde mich anhören als hätte ich gesoffen, meine Zunge sei wohl irgendwie schwer. Mir ist das schon gar nicht mehr aufgefallen, und das muss unbedingt auf die Liste der Sachen, die ich mit meinem Hausarzt besprechen muss.

Mein Bruder kommt uns besuchen und stellt im Gespräch fest, dass es wohl an der Zeit wäre, meinen Hausarzt zu wechseln. Meinen alten HA hätte ich ja wohl gut erzogen, er würde mir nach der Nase reden.

Boah, mit alten Strukturen zu brechen fängt gut an, ist aber Hammer hart.

Ich bin damit einverstanden, seinen HA auszuprobieren und im Falle von wenig Sympathie, mich neu zu orientieren.

Mein Bruder besorgt alsbald einen Termin und ich fahre mit ihm zu seinem Arzt.

Den kenn ich, mit ihm habe ich zusammengearbeitet, als ich den Krankenhaus-Einsatz während der Altenpfleger-Ausbildung hatte. Er kann sich aber wohl nicht mehr an mich erinnern.

Am Anfang des Gesprächs fühle ich mich echt ein bisschen über, da die beiden was zu bereden haben. Plötzlich fangen sie an, über mich zu reden. Hallo, ich sitze hier. Sie fachsimpeln über meine Krankheitsbilder und über Alkoholismus usw.

Ich beobachte diese Szene sehr genau und stelle fest, dass dieser Arzt echt engagiert zu sein scheint und dass mein Bruder über ein fachliches Gespräch seine Gefühle zum Ausdruck bringen kann.

Häh, was geht hier ab und was nehm ich da wahr?

Der Doktor fragt mich mit einmal: „Wie ist das so mit Ihren kognitiven Fähigkeiten im Moment?".

Da ich bis dahin nicht viel mehr als „guten Tag" gesagt habe, ist er über meine adäquate   personenbezogene Antwort merklich überrascht und wendet sich jetzt im Gespräch auch mir zu. Kein Wunder: bei meinen Diagnosen muss er gedacht haben, hier sitzt ein „Toastbrot" mit zitternden Händen und Beinen. Wir besprechen das weitere Prozedere meiner Rekonvaleszenz mit Ergo, Neuro- und chirurgischem Konsil und meine Medikamente soll ich erstmal so weiter nehmen. Bedankt sich für mein Vertrauen, ich mich bei ihm für seine nette Art gegenüber einem Alkoholiker und sage, dass ich wohl bei ihm in Behandlung bleibe.

Die Ergotherapie werde ich in der Praxis machen, in der meine ehemalige Nachbarin vom Hof arbeitet. Die hat drei Jahre meines Säuferverfalls hautnah miterleben müssen.

Vor dem ersten Termin bei ihr, geht mir voll die „Düse". Sie ist aber ganz cool und der erste Termin geht mit Anamnese-Erhebung ganz unkompliziert ins Land. Und immer wieder muss ich in meine neue Wohnung, um meinen Vater bei der Renovierung wenigstens zu unterstützen. Das ist eine ganz schön harte Angelegenheit für mich. Genau genommen war ich vor der Intensivstation motorisch nicht unbegabt und mein Vater und ich haben schon die eine oder andere Bude zusammen auf Vordermann gebracht.

Jetzt steh ich hier und selbst Tapeten abreißen und kleinere Arbeiten fallen mir total schwer. Ständig zittern meine Hände und auf meinen Füßen kann ich auch nicht lange stehen. Vergesse Sachen, die ich mir früher mal so nebenbei einfach gemerkt habe. Spachtel aus der Hand gelegt und fünf Minuten später keinen Plan mehr, wo ich ihn abgelegt habe. Das ganze ist Frust pur. Und ich muss gucken wie ich das aushalte.

In diesem Frust meldet sich die Frau von der SPD und bittet mich zu einem erneuten Termin, um mit mir über eine Beschäftigung, sprich Tagesstruktur zu sprechen, da eine funktionierende Struktur für Suchterkrankte das A und O ist.

Bei dem Termin eröffnet sie mir, dass sie für mich an eine Beschäftigung in einer Behindertenwerkstatt gedacht hat. Super Sache. Ich stimme zu, aber ich glaube, ich mache das, um meinem Umfeld zu gefallen. In meiner Gefühlswelt regt sich Widerstand.

Sie schlägt vor, einen Besichtigungstermin zu vereinbaren und sich dann bei mir zu melden.

Und anschließend wieder in den Frust. Aber meine neue Lebensoase nimmt langsam Gestalt an.

Der Termin in der Tagesklinik steht an, und es wird sich entscheiden, ob ich für vier Wochen fachkompetente Unterstützung in meinem selbstständigen Leben erhalte. Mein Vater war auch gegen seine Überzeugung, mit Therapeuten zu reden, sofort bereit, mich zu begleiten.

Bei dem Gespräch saß uns der Chefarzt der Klinik gegenüber und fragte erstmal, warum ich in die Tagesklinik aufgenommen werden möchte. Ich erzählte ihm meine Geschichte und übergab den Kurzentlassungsbericht der Rehaklinik.

Seine Antwort war:

„Sie sind ja schwer erkrankt, wie kommen sie bloß zurecht? Man, das sind ja heftige Diagnosen, Ihnen muss unbedingt geholfen werden und sie brauchen Betreuung, damit sie trocken bleiben."

Also quasi Vollalarm.

Gut denk ich, läuft. Aber dann meint er: „mit der Diagnose Alkoholkrankheit kann ich Sie nicht aufnehmen. Aber sie brauchen dringend Hilfe". Super, wie krank ich war und bin, weiß ich selber, das braucht mir mittlerweile keiner mehr vorkauen, aber Hilfe, die könnte ich gebrauchen. Und er verweist mich aufgrund meines Megahilfebedarfs an andere. Ist toll.

Ich habe jetzt schon keinen Bock mehr. Na ja und mein Vater hat natürlich auch Hoffnung darein gesetzt. Muss ich halt allein zusehen, abstinent durchs Leben zu kommen.

Als nächstes stehen meine Zähne ganz oben auf der Agenda. Termin gemacht.

Der weiß um meine Angst und ist irgendwie erleichtert, dass ich mal einen Termin bei ihm wahrnehme, ohne dass er meine penetrante Alkoholfahne ertragen muss. Ich sage, was raus muss, müsse raus, ich bräuchte jetzt zahntechnisch einen herben Schnitt. Er meint als Hartz 4 Typ muss man Härtefall-Antrag bei der Krankenkasse einreichen und mal gucken, was die sagen.

Er sagt nach einem oder zwei prüfenden Blicken in mein Gebiss: „7*Z also zerstört, müssen raus". Ich: „Ja, aber nur in Narkose". Das bietet der MKG Chirurg in unserem Ort an, nur die Kostenfrage müsse geklärt werden.

So eine Wunschnarkose kostet 180€. Die von der Krankenkasse übernommen werden, wenn man eine Angststörung von einem Neurologen attestiert bekommt.

Dann ist es keine Wunschnarkose mehr sondern medizinisch erforderlich. Da ich schon Jahre in Angstbehandlung war, denke ich, gehe zum Neurologen, der fordert meine früheren Befunde an und die Sache läuft. Neurologen sind im Übrigen auch für suchterkrankte Menschen zuständig. Ich also zu dem Neuro, der neu in unserer Stadt ist. Bei der körperlichen Untersuchung stellt er auch fest, dass ich meine Zähne behandeln lassen sollte. Prima denk ich, dann werd ich den gleich mal auf die Narkose ansprechen. Als wir dann im Gespräch auf mein Alkoholproblem zu sprechen kommen, ist der bis dahin nette Arzt mit mal sehr reserviert und kurz ab.

Und die generelle Ablehnung, sich mit meiner Angstsymtomatik auseinander zu setzen, ordne ich so ein: Soll der Alki mal zu sehen wie der das übersteht.

Als ich das meinem Hausarzt berichte, schüttelt der nur mit dem Kopf und meint, dass die Begründung für eine Narkose auf Krankenkassen-Kosten erfüllt sei. Das sehe ich aber auch so. Durchs Saufen dem Tod näher als dem Leben gewesen und grad noch mal davon gekommen, soll ich mich jetzt in eine Situation begeben, in der ich früher vor Angst sowieso getrunken hätte. Er schreibt mir das auch so auf und ich gebe das beim Chirurgen ab, damit der Anästhesist das absegnen kann.

Der ruft mich einen Tag später an und meint, ich solle das Geld in bar mitbringen und mit so einem Gefälligkeitsattest meines HA könne er nix anfangen. Was hat der da grade von sich gegeben? Ich habe extra den HA gewechselt, weil ich bei so einem Gefälligkeitsarzt war und der haut so was raus. Nach einem kurzen Info-Anruf bei meinem HA und der Telefonnummer-Weitergabe des Narkotiseurs stelle ich fest, dass ich nicht in dessen Haut stecken möchte.

Letztendlich musste ich die Narkose dann doch privat bezahlen, weil du dich in diesem Gesundheitssystem besser totsaufen kannst, als dass irgendwer Geld aufbringt, um dich in der Abstinenz zu unterstützen.

Das stimmt natürlich so auch nicht ganz, aber es sind eben diese Sachen, wo sich entscheidet, ob oder ob man nicht trinkt.

Kurz nach diesen Geschehnissen hab ich dann auch die Frau vom Ambulant betreuten Wohnen bei mir sitzen und wir reden sehr lange über die Gesamtsituation. Die Frage, wie es mir geht beantworte ich mit: „mir kann es gar nicht schlecht gehen". Das wäre aber eine mutige Aussage und wie ich dazu käme.

„Sehen sie, ich kann morgens alleine aufstehen, alleine zum Klo gehen und mein Essen selbst zubereiten und auch selbstständig zu mir nehmen. Fängt der Tag schon super an und die ganzen Tageseindrücke machen nüchtern echt Laune, so Sachen wie Sonne, Regen, Wind. Einkaufen gehen ohne ständig daran denken zu müssen, wie ich die Getränke heimlich nach Hause bekomme. Oder wie sehr ich in der Schlange an der Kasse zittere und nach Alkohol- Ausdünstungen stinke". Habe viele verschiedene Gedankengänge am Tag, nicht nur die alles beherrschende Frage: IST GENUG ALKOHOL VORHANDEN. Und wenn nicht, wie komm ich am besten dran? Wenn ich da ganz bewusst drauf achte, was um mich herum passiert und das Erlebte nicht aus den Augen verliere, kann es mir im Grunde nur gut gehen.

Da sie die Leiterin ist und auch viele andere Klienten betreut, bekomme ich ihre Kollegin zugeteilt.

Die Kollegin ist sehr nett und fordert mich in den Gesprächen sehr. Ich glaube, dass mich das echt weiter bringen kann. Diese Frau bringt Ansätze mit in die Gespräche, die heftigste Denkanstöße verursachen.

In der Folgezeit werde ich dann auch bei dem Gruppenleiter der Selbsthilfegruppe vorstellig, an der mein Vater seinerzeit teilgenommen hat. Die Treffen sich immer montags und da der nächste Montag der Rosenmontag war, bin ich dann auch sofort dort angetreten.

Habe mich immer gegen Selbsthilfegruppen gewehrt, weil die sich in den Entgiftungen auch nicht immer positiv präsentiert haben.

Ist doch so:

Du hängst gerade voll in der Entgiftung, bist teilweise noch entzügig, aber trotzdem verpflichtet zu solchen Vorstellungen zu erscheinen. Hast die Problematik und das Leiden des Suffs gerade wieder selber erlebt und dann sitzt da ein vermeintlich trockener, der dir seine Geschichte auch noch mal wieder vorkaut und in einer Unglaubwürdigkeit, dass es zum Himmel schreit. Welcher Mensch muss die schlimmste Zeit seines Lebens von einem Zettel ablesen? Wenn die Zeit so schnell vergessen wird, ist der nächste Rückfall nicht weit. Aber bei dieser bestimmten Selbsthilfevereinigung ist mir nach der 3. Entgiftung aufgefallen, dass unterschiedliche Menschen die gleiche Lebensgeschichte haben.

Mag auch daran liegen, dass die meisten so einen hohen Altersdurchschnitt haben.

In der Selbsthilfegruppe, wo ich jetzt Teilnehmer war, war es jedenfalls bis auf den Altersdurchschnitt anders und ich habe mich wohlgefühlt.

Bei aktuellen alltäglichen Problemen kann man sich echt gut austauschen.

Dann war es auch an der Zeit, dass ich mir diese Behindertenwerkstatt ansehen sollte.

Die Frau von der SPD und ich fahren also dahin.

Habe mir auch schön alles angeschaut. Gewisse Sachen, wie arbeiten mit Maschinen oder Sachen mit langem Stehen, kamen von Anfang an nicht in Frage. Und mein Anforderungsprofil ergab auch, dass ich höchstens eine Halbtags-Stelle bekleiden können würde.

Dies wurde von der Dame, die uns herumgeführt hat aber schon mal im Keim erstickt, also hab ich dieses Projekt erstmal abgehakt.

Zur Tagesstruktur-Vollendung bin ich angefangen, meine väterliche Großmutter des Morgens duschtechnisch zu versorgen.

Bei der Großmutter mütterlicherseits hab ich dann auch regelmäßig meinen Kopp blicken lassen. Und für beide habe ich die Versorgung mit Medikamenten und das Stellen der selbigen übernommen. Arztbesuche habe ich auch begleitet.

Die Hausärztin meiner väterlichen Großmutter hat dann auch bei einem Termin gefragt, wie das kommt, dass ich mich jetzt plötzlich kümmere. Habe ihr kurz meine Geschichte erzählt und sie freute sich auf die Zusammenarbeit.

Bei einem Termin verordnete sie meiner Oma ein Betäubungsmittel gegen die Rückenschmerzen.

Auf dem Nachhauseweg fragte Oma mich, was das denn wohl für Pillen seien. Ich erklärte ihr wahrheitsgemäß, dass es sich dabei um ein schwach dosiertes Morphin handle.

So etwas würde sie nicht einnehmen, damit war für sie die Sache erledigt. Ich also das Rezept bei ihr in den Aktenschrank gelegt und sie gebeten, es sich über das Wochenende noch mal zu überlegen, vielleicht ihre Meinung zu ändern. Das tat sie nicht. Ein paar Wochen später mussten für diese Oma neue Medikamente bestellt werden und ich war ganz schön im Stress, da ich zu der Zeit viel zu erledigen hatte und ihr Stamm-Neurologe noch im Urlaub war. Jedenfalls lief das nicht so reibungslos wie sonst immer.

Kurze Zeit später fragt mich mein Vater, ob wir zusammen für seine Mutter einen Sessel vom Möbelladen abholen könnten.

Das taten wir dann auch.

Auf dem Rückweg von dem Sitzmöbelverkauf, stoppt mein Vater plötzlich den Transporter und meint, dass ich jetzt wohl ein Problem hätte. Die Hausärztin meiner Oma wolle mich anzeigen wegen Verstößen gegen das Betäubungsmittel- und Pharmaziegesetz und wegen Unterschlagung von Medikamenten.

WAS ist jetzt los?

Oma wäre es nicht so gut gegangen und dann wäre sie mit dem Pillen Dispenser zur Ärztin und die hätte festgestellt, dass eine Tablette Antidepressiva fehlt und das BTM.

Sie hat dann sogleich meine Tante darüber informiert und die meinen Vater und jetzt glaubte man, ich wäre auf Pillen umgestiegen. Super.

Die Ärztin hat mich vor dem Vorfall, auch wegen Oma betreffende Sachen, angerufen. Wo es jetzt um solche Vorwürfe geht, verbreitet sie so was in meiner Familie.

Ich war so aufgewühlt, dass ich erstmal vor Wut zu heulen angefangen habe.

Nachdem ich meinem Vater und meiner Tante die Sachlage erklärt hatte, glaubten sie der Frau mit dem weißen Kittel. Die haben ja immer Recht.

Man stelle sich mal vor, ich könnte noch in der Pflege arbeiten und würde mich bewerben und dieses Gerücht macht in unserer Stadt die Runde, da könnte ich einen Arbeitsplatz total abhaken.

Ich meine, es hat sich alles in Wohlgefallen aufgelöst, aber die Pillenversorgung dieser Oma übernimmt jetzt ein Pflegedienst.

Vom Alki zum Pillenfresser in ca. 10 Min. Super Karriere. Danke Frau Dr. :::!

Aus Interesse und weil ich so einiges von der Intensivstation nicht mehr wusste, habe ich mir meine Krankenakte aus dem Krankenhaus kommen lassen. Es ist nicht die ganze Akte, aber das was darin steht, ist schon genug. Beim Durchblättern habe ich dann feststellen müssen, dass ich nach 10 Tagen auf der Intensiv zwei Blutkonserven bekommen hatte. Das hat mir bis dahin auch irgendwie keiner erzählt. Und obwohl ich weiß, dass die Wahrscheinlichkeit einer HIV oder Hepatitis Infektion nahezu ausgeschlossen ist, habe ich, weil ich es am Freitag gelesen habe, ein recht unruhiges Wochenende verbracht. Montag direkt zum Arzt und Blutentnahme machen lassen. Vier Tage später Gewissheit: alle Ergebnisse negativ. Also doch positiv. Das wär`s noch gewesen: überlebt und dann durch Blutkonserve tödlich erkrankt. Mir muss es wohl so schlecht gegangen sein, dass diese Therapie die einzige Chance war. Gut so. Hat geklappt.

Mittlerweile hab ich meine Zähne soweit in Ordnung, trage mit 35 Jahren Teilprothesen.

Die Schmerzen im Knöchel beruhen auf Knocheninfarkten. Die von alleine abheilen müssen.

Das wird noch eine erhebliche Zeit dauern.

Nach der Reha hab ich durch das Nahrungsnachholbedürfnis so locker 90kg auf die Waage gebracht. Das ist sicher bei 180cm Körperlänge einigermaßen vertretbar, aber ich habe mich echt unwohl gefühlt und das Gewicht ist für so angeschlagene Sprunggelenke auch nicht gerade förderlich. So entschloss ich mich, mal mit etwas Körperertüchtigung zu beginnen.

Mit Hilfe meiner ABW- Betreuerin hab ich dann auch meine Ernährung etwas umgestellt.

Kein Mayo, kein Ketchup, weniger Fett, kaum Kohlenhydrate.

Mayo und Ketchup fehlen auch nicht wirklich, wenn der Alkohol die Geschmacksnerven nicht mehr betäubt. Zucker habe ich auch weitestgehend weggelassen. Wichtig auch scharfes Essen, das fördert den Stoffwechsel. Und nicht bis in die Puppen pennen, hilft auch. Wer aktiv also wenigstens wach ist, verbraucht auch Kalorien. Fünf Stunden die Nacht sind bei mir voll ausreichend und frühes Aufstehen fördert die Tagesstrukturierung. Na ja, ein guter Tag- Nacht- Rhythmus ist schon sehr wichtig. Und dann so Vorgaben wie „ich habe auf keinen Fall mehr Bock, in einer unaufgeräumten Wohnung zu wohnen" helfen Beschäftigung zu finden.

Zu Körperübungen hab ich mir im Sportfachgeschäft breite Gummibänder besorgt. Und die Übungen aus dem Internet. Ist eine feine Sache, kann man beim Fernsehen machen oder so zwischendurch. Ein Rucksack mit gefüllten Wasserflaschen ist auch ein prima Hantelersatz. Ja, man muss sich was einfallen lassen, wenn man als Hartz4-Assi keine Kohle fürs Fitnesscenter aufbringen kann. Und die Kohle, die ich durchs trocken sein gespart habe, geht ja auch mal schnell für eine halbwegs gesunde Ernährung drauf. Das Hartz4-Geld reicht schon so grade zum Leben, aber Gesunderhaltende Maßnahmen sind, glaub ich, in diesem Satz nicht vorgesehen.

Na ja so hab ich jedenfalls in sechs Monaten 17 Kilo abgenommen. Langsam, aber ich glaube ohne JOJO-Effekt. Traue mich jetzt, ab der kommenden Freibad-Saison auch mal wieder ins Wasser.

Hatte das in unserer Schwimmhalle auch mal in Erwägung gezogen. So mit Frühschwimmen.

Aber ich hatte keine Lust, den älteren Damen morgens um 6.30h beim Trinken von Rotem zuzugucken. Können die ja ruhig, kein Thema, aber ohne mich. Wir leben halt in Deutschland in einem Land, wo der Alkohol höchsten Stellenwert genießt, aber seine Opfer als KRANKE ASSIS unter den Deckmantel des Schweigens gehören. Nee, nicht mit mir.

Wenn man die Leute fragt, was die schlimmste Konsequenz aus Alkoholismus ist, kommt als Antwort: TOD. Ja so einfach ist das aber nicht. Das Glück hat nicht jeder. Oh, was schreibt der, ja wäre er lieber tot? Ja, in der Phase vor und auf der Intensiv sicherlich, aber jetzt finde ich es toll zu leben. Mehr als vorher.

Fragen und Anregungen, die im Folge-Werk Einzug erhalten können an:

absti.tribe@gmail.com

Und über:

www.facebook.com/abstitribe

Anhang

Alkohol in Zahlen

9,6

Liter reiner Alkohol: So viel wurde 2011 in Deutschland pro Kopf konsumiert. Damit ist der Verbrauch gegenüber dem Vorjahr gleich geblieben, im internationalen Vergleich jedoch weiterhin sehr hoch. Insgesamt wurden 136,9 Liter an alkoholischen Getränken pro Kopf verbraucht:

107,2 Liter Bier

20,2 Liter Wein

5,4 Liter Spirituosen

4,1 Liter Schaumwein/Sekt

96,4 %

der Bevölkerung im Alter zwischen 18 und 64 Jahren trinkt Alkohol.

40 %

der 18- bis 25-jährigen jungen Erwachsenen trinkt regelmäßig (mindestens einmal pro Woche) Alkohol. Das von vielen Medien vermittelte Bild, der viel trinkenden Jugendlichen ist oft verzerrt.

15 %

der 12 bis 17-jährigen trinkt regelmäßig mehr als fünf Bier an einem Abend

20 %

der 18 bis 21-jährigen Männern trinkt regelmäßig mehr als fünf Bier an einem Abend

13 %

der jungen Erwachsenen konsumiert mehrfach pro Monat so viel Alkohol, dass sie die Grenze zum Rauschtrinken erreichen und setzt sich damit jedes Mal einem Risiko aus.

2.000.000

Männer und Frauen im Alter zwischen 18 und 64 Jahren trinken missbräuchlich Alkohol. Sie nehmen körperliche, psychische und soziale Folgen in Kauf. Männer trinken durchschnittlich deutlich mehr als Frauen.

1.300.000

Männer und Frauen im Alter zwischen 18 und 64 Jahren sind alkoholabhängig.

74.000

Menschen sterben Schätzungen zufolge jedes Jahr in Deutschland an den gesundheitlichen Folgen eines riskanten Alkoholkonsums – meist in Kombination mit dem Risikofaktor Rauchen. Das sind mehr als 200 Menschen pro Tag. Unfälle sind bei dieser Zahl nicht enthalten.

587.000.000 €

Millionen Euro: Das war 2011 in Deutschland der Werbeetat für alkoholische Getränke. Es wird also sehr viel investiert, um Bier, Wein, Spirituosen etc. zu verkaufen. Am meisten wird Bier beworben (68 % der Gesamtsumme), danach kommen Spirituosen (Jahrbuch Sucht 2013).

3.100.000.000 €

betrugen die staatlichen Einnahmen aus Bier-, Schaumwein- und Spirituosensteuer im Jahr 2010. Auf Wein wird in Deutschland keine   Steuer   erhoben.

26.000.000.000 €

betragen die Kosten für alkoholbedingte Krankheiten pro Jahr.

15.898

Verkehrsunfälle unter Alkoholeinfluss, bei denen es zu Personenschäden kam, wurden im Jahr 2011 registriert. An diesen Unfällen waren 20.209 Menschen beteiligt, 400 Menschen starben an den Unfallfolgen (Angaben Statistisches Bundesamt).

4

um diesen Faktor steigt die Wahrscheinlichkeit, dass ein Fahrer einen Unfall verursacht, wenn er eine Blutalkoholkonzentration von 0,8 Promille hat. Das Sichtfeld eines Fahrers mit 0,8 Promille vermindert sich um 25 %.

15 %

um so viel nimmt die Sehleistung ab, wenn jemand 0,5 Promille hat.

10 %

aller Verkehrstoten in Deutschland starben 2011 an den Folgen eines Alkoholunfalls. Damit starb jede zehnte Person, die im Straßenverkehr getötet wurde, an den Folgen ihres Alkoholkonsums. Alkoholunfälle sind folgenschwerer als andere Straßenverkehrsunfälle. Während auf 1.000 Unfälle im Straßenverkehr im Durchschnitt 13 tödlich Verunglückte kommen, sind es bei den Alkoholunfällen fast doppelt so viele (25 Getötete bei 1.000 Alkoholunfällen).

32 %

aller Tatverdächtigen, der im Jahr 2010 aufgeklärten Fälle im Bereich der Gewaltkriminalität standen unter Alkoholeinfluss – das sind pro Jahr über 60.000 Gewaltfälle, bei denen Alkohol im Spiel ist. Dunkelziffer: unbekannt.

Quellen: Bundeszentrale für gesundheitliche Aufklärung (BZgA), Deutsche Hauptstelle für Suchtfragen (DHS), Statistisches Bundesamt, Polizeiliche Kriminalstatistik (Achtung: bei Veröffentlichung sind genaue Quellenangaben zu den einzelnen Zahlen erforderlich

www.tredition.de

Über tredition

Der tredition Verlag wurde 2006 in Hamburg gegründet. Seitdem hat tredition Hunderte von Büchern veröffentlicht. Autoren können in wenigen leichten Schritten print-Books, e-Books und audio-Books publizieren. Der Verlag hat das Ziel, die beste und fairste Veröffentlichungsmöglichkeit für Autoren zu bieten.

tredition wurde mit der Erkenntnis gegründet, dass nur etwa jedes 200. bei Verlagen eingereichte Manuskript veröffentlicht wird. Dabei hat jedes Buch seinen Markt, also seine Leser. tredition sorgt dafür, dass für jedes Buch die Leserschaft auch erreicht wird

Autoren können das einzigartige Literatur-Netzwerk von tredition nutzen. Hier bieten zahlreiche Literatur-Partner (das sind Lektoren, Übersetzer, Hörbuchsprecher und Illustratoren) ihre Dienstleistung an, um Manuskripte zu verbessern oder die Vielfalt zu erhöhen. Autoren vereinbaren unabhängig von tredition mit Literatur-Partnern die Konditionen ihrer Zusammenarbeit und können gemeinsam am Erfolg des Buches partizipieren.

Das gesamte Verlagsprogramm von tredition ist bei allen stationären Buchhandlungen und Online-Buchhändlern wie z. B. Amazon erhältlich. e-Books stehen bei den führenden Online-Portalen (z. B. iBook-Store von Apple) zum Verkauf.

Seit 2009 bietet tredition sein Verlagskonzept auch als sogenanntes "White-Label" an. Das bedeutet, dass andere Personen oder Institutionen risikofrei und unkompliziert selbst zum Herausgeber von Büchern und Buchreihen unter eigener Marke werden können.

Mittlerweile zählen zahlreiche renommierte Unternehmen, Zeitschriften-, Zeitungs- und Buchverlage, Universitäten, Forschungseinrichtungen, Unternehmensberatungen zu den Kunden von tredition. Unter www.tredition-corporate.de bietet tredition vielfältige weitere Verlagsleistungen speziell für Geschäftskunden an.

tredition wurde mit mehreren Innovationspreisen ausgezeichnet, u. a. Webfuture Award und Innovationspreis der Buch-Digitale.

tredition ist Mitglied im Börsenverein des Deutschen Buchhandels.